아이와 엄마가 함께 만드는
행복한 종이아트

아이와 엄마가 함께 만드는
행복한 종이아트

1판 1쇄 인쇄 | 2016년 7월 20일
1판 1쇄 발행 | 2016년 7월 27일

지은이 김준섭, 길명숙, 송영지
기획&디자인 상컴퍼니
감수 (사)한국종이접기협회
펴낸이 김기옥

실용본부장 박재성
편집 류인경, 이나리
영업 김선주
커뮤니케이션 플래너 손혜인
지원 고광현, 김형식, 김주현

인쇄·제본 (주)상지사P&B

펴낸곳 한스미디어(한즈미디어(주))
주소 121-839 서울시 마포구 양화로 11길 13(서교동, 강원빌딩 5층)
전화 02-707-0337 | 팩스 02-707-0198 | 홈페이지 www.hansmedia.com
출판신고번호 제 313-2003-227호 | 신고일자 2003년 6월 25일

ISBN 979-11-6007-019-4(13630)

책값은 뒤표지에 있습니다. 잘못 만들어진 책은 구입하신 서점에서 교환해 드립니다.

아이와 엄마가 함께 만드는

행복한
종이아트

김준섭 · 길명숙 · 송영지 지음

한스미디어

한 장 한 장의 추억을 종이로 남겨요…

추천사

종이와 함께하는 종이아트를 통해
행복과 보람을 느껴 보세요

창의적 교육 활동의 영향으로 최근 내 손으로 만들고 공간을 장식하는 핸드메이드의 즐거움이 확산되고 있습니다. 예로부터 손재주가 많은 우리 민족은 웬만한 생활용품은 직접 만들어서 사용했다고 합니다.

소소한 생활용품에는 특히 종이를 소재로 사용한 지공예용품들이 많았는데, 자연 소재인만큼 부드럽고 편안한 느낌으로 생활공간에 자리매김하고 있었던 듯합니다. 다양한 질감과 색상의 종이가 개발되고 있는 요즘 종이접기, 종이조각, 북아트, 스크랩북킹 등 종이아트도 기법에 따라 세분화되어 생활 속에서, 또는 교육 현장에서 많은 사랑을 받고 있습니다. 주변에서 쉽게 구할 수 있는 재료라는 장점과 비교적 재료비가 저렴하다는 점이 손쉽게 다가갈 수 있는 매력이라고 생각합니다.

(사)한국종이접기협회 부설 연구 기관인 한국종이문화원에서는 우리 선조들이 꽃피웠던 지공예의 전통을 이어받아 생활 속의 종이 문화를 보급하고 발전시키고자 노력해왔습니다.

이번에 한국종이문화원 현대종이조형 예술분과에서 활동하고 계신 세 분의 연구진들이 오랜 경험을 바탕으로 아이디어와 디자인을 살린 『행복한 종이아트』를 출간하게 된 것은 내 손으로 만드는 것을 즐거움으로 생각하는 창조적 여유와 나만의 개성을 살리고자 하는 시대적 요구가 반영된 시기적절한 결과라고 생각됩니다.

『행복한 종이아트』에는 쉬우면서도 멋있게 만들어지는 마술 같은 기법들이 소개되어 있습니다. 특히 자세한 설명과 사진을 곁들여 초보자도 쉽게 따라 할 수 있도록 하고, 부록으로 도안을 곁들여 자료로 활용하도록 배려한 점이 돋보입니다.

『행복한 종이아트』를 한 장 한 장 넘기면서 내 아이와 가족을 위해 마음을 담아, 정성을 담아 작품을 완성하고, 성취감과 보람도 느껴 보시기 바랍니다. 종이와 함께하는 여러분과 여러분 가정에 즐거움과 행복이 가득하시기 바랍니다.

(사)한국종이접기협회
회장 오 경 해

작가의 말

온 가족이 함께
종이로 만드는 세상

"책이라는 새로운 예술을 만든다."
이 한 마디로 시작된 북아트와의 인연이 어느덧 10년이 되었습니다.
우연히 얻은 기회 덕분에, 북아트를 처음 접한 날로부터 지금에 이르기까지 손으로 세기 어려울 정도로 많은 북아트 작품들이 세상의 빛을 볼 수 있었습니다. 기쁨과 감동, 행복한 마음으로 북아트를 즐기다 보니 어느덧 아이들에게 북아트를 지도하면서 꿈을 심어줄 수 있는 선생님이 되었습니다.
아이들이 북아트를 접하면서 행복해하는 모습을 보면서 이런 생각을 하곤 했습니다. '더 많은 사람들이 북아트를 통해 즐거움과 행복을 느낄 수 있으면 좋겠다.' 그러던 차에 함께 책을 만들어보자는 제안을 받았고, 제 생각을 실현할 수 있는 뜻깊은 기회라 생각하여 기쁜 마음으로 임하게 되었습니다.
그렇게 시작된 『행복한 종이아트』 작업은 두 번의 계절이 바뀔 정도로 긴 시간 동안 진행되었습니다. 그렇지만 작업을 함께한 두 분의 선생님 덕분에 매번 즐거운 마음으로 작업에 임할 수 있었습니다.
이제 『행복한 종이아트』를 세상에 선보이고자 합니다. 이 책이 많은 분들에게 소중한 추억을 만들어줄 수 있기를 바랍니다. 더불어 긴 시간 동안 사랑과 격려로 응원해 준 가족들과 한국종이접기협회 오경해 회장님을 비롯한 관계자 여러분께 감사의 말씀을 드립니다.

김준섭

● 작년 11월 처음 책 작업을 제의 받았을 때만 해도 두려움 반 설렘 반으로 시작했었는데, 시간과 노력이 쌓이고 쌓여 어느덧 이 글을 쓰고 있습니다.
책 작업을 통해 새로운 것을 만들어 내고, 원고 쓰기와 사진 작업을 하면서 제 자신이 한 단계 성장한 느낌이 듭니다.
이제는 노력했던 것들이 결실을 맺어 수확을 기다리는 여유를 누릴 수 있어 매우 기쁩니다.
새로운 것을 생각하고, 만들고, 공유하는 것도 즐겁고 뿌듯한 일이었는데, 같은 길을 걷는 사람들과 이렇게 책을 낼 수 있어서 설레고 가슴 벅찹니다. 제가 만들면서 느꼈던 소소한 행복과 보람을 이 책을 통해 함께 공유하길 바랍니다.
함께 수고하고 고생하신 선생님들과 박실장님께 감사드립니다.

길명숙

● 종이가 귀하던 어린 시절. 제 유일한 보물 1호는 수백 장의 작고 예쁜 껌 종이였습니다. '그렇게 껌 종이를 모으더니 네가 그리 될 줄 알았어'라는 친구의 말처럼 아마도 종이와의 인연은 그때부터였나 봅니다. 오랜 시간 한결같이 한 가지 일을 할 수 있다는 것은 큰 행복이고 기쁨이었습니다. 우연한 계기로 시작하게 된 종이와의 인연은 저에게 20여 년의 시간을 보람과 열정으로 채울 수 있게 한 귀하고 값진 시간이었습니다.
그 긴 시간을 강의와 전시, 창작과 작품 활동을 하면서 지금까지 올 수 있었던 것은 종이를 만지면 가슴이 뛰고 설렌다는 이유 하나였습니다. 때로는 반복되는 일상에 지쳐 무기력해질 때도 있었고, 매너리즘에 빠져 그만두고 싶다는 생각이 들 때도 있었습니다. 더구나 부족한 제가 책을 만든다는 것은 새로운 도전이기에 앞서 무거운 짐이고 두려움이었습니다. 하지만 그런 저를 오늘까지 있게 했던 이유 역시 종이로 뭔가를 만들어 내는 작업이 여전히 제 가슴을 뛰게 한다는 것이었습니다. 나이가 들면서도 여전히 설렐 수 있는 일이 있고 하고 싶은 것이 있다는 것에 새삼 감사함을 느낍니다.
하루가 다르게 시대가 변하고, 스피드가 경쟁력이 돼 버린 이 시대를 살고 있는 저에게 기다림의 미학과 그 가치를 생각하게 하는 종이 작업이 앞으로도 제 심장을 뜨겁게 하는 일이 되기를 소망합니다.
지금 여러분의 마음을 설레게 하는 일은 무엇인가요?

송영지

CONTENTS

추천사 06

작가의 말 08

PART 1.
아이를 위한 행복한 종이아트

배냇저고리 액자 014

메모리 박스 018

리폼드 캘린더 탁상 앨범 022

입체 앨범 026

소품 보관함 030

목마 키 재기 034

돌잔치 방명록 038

자투리 종이로 리스 만들기 044

기념 카드 모음집 048

캔버스 수유 등 052

태아 앨범 054

러블리 파티 벽 장식 058

고양이 흑백 모빌 062

돌 테이블 장식 액자 066

태교 음악 CD 케이스 070

PART 3.
알아두면 좋아요

종이아트　142
접기법　146
사용도구　155
구입처　160
작가 창작 리스트　163

PART 4.
함께 만들어요

도면　166

PART 2.
아이와 함께 만드는 종이아트

사진집게 장식걸이　076
문접기 활용 액자　080
봄꽃을 담은 팝업 장식　084
데스크 장식 겸 앨범　088
비행기 풍경(風磬)　092
토끼 하트 팝업북　096
장보기 가방　100
탁상용 캘린더　106
우리 가족 앨범　110
원형 장식걸이　114
피자판 앨범　118
간단한 리본 제본　122
동화책 읽고 입체북 만들기　126
카네이션 카드　130
다양한 노트 커버링　134

PART 1

아이를 위한
행복한 종이아트

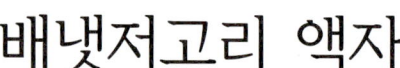

배냇저고리 액자

사랑스러운 내 아이의 모든 것은 소중하지 않은 것이 없지요.
아이와 처음 함께했던 배냇저고리를 예쁜 액자에 담아 간직해 보세요.

종이 재료 패턴지(색지) ☐ 7×12cm 3장   ☐ 자투리 패턴지 조금
기타 재료 아크릴 액자 ☐ 26×26cm 린넨 천 ☐ 31×31cm ☐ 배냇저고리 ☐ 출생 카드 ☐ 리본 ☐ 블러썸 ☐ 햄프끈
☐ 알파벳 스티커 ☐ 단추 ☐ 시침핀 ☐ 접착제(양면테이프, 딱풀, 목공용 본드)

01 아크릴 액자(26×26cm)에서 바닥을 분리해요.

02 분리한 바닥판에 딱풀을 골고루 칠하고 뒤집어서 린넨 천에 붙여요.

03 모서리를 직각으로 자른 린넨 천 끝부분에 양면테이프를 붙이고 딱풀을 사용하여 남은 부분을 풀칠해요(린넨 천 대신 디자이너스지를 사용해도 좋아요).

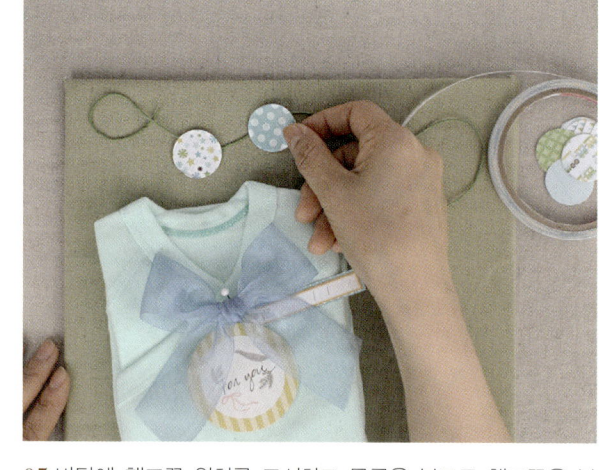

05 바닥에 햄프끈 위치를 표시하고 목공용 본드로 햄프끈을 붙인 후 그 위에 패턴지로 만든 동그라미를 붙여요.

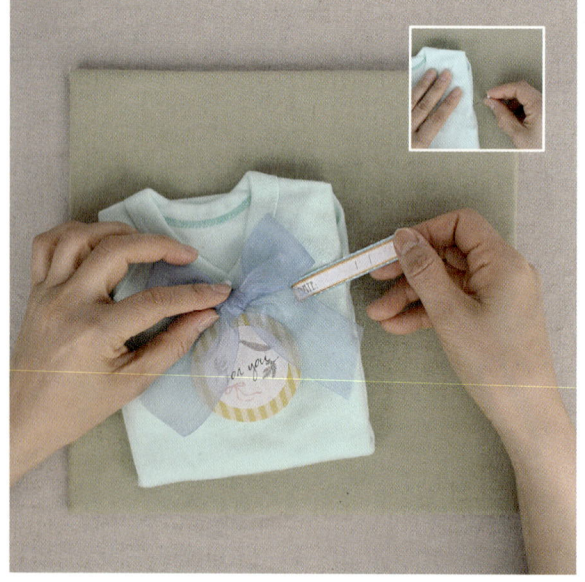

04 예쁘게 접은 배냇저고리를 액자판에 시침핀으로 고정하고 리본과 동그란 태그를 붙여 장식해요.

06 알파벳 스티커와 메시지 태그를 붙여요.

07 7×12cm 패턴지에 태그, 출생 카드, 메시지 카드 등을 만들어 나만의 기록지를 만들고, 그 위에 블러썸(꽃장식)과 잎사귀로 완성해요.

08 아크릴 뚜껑을 덮어 완성해요. 추억이 담긴 장식용 액자로 아이 방을 꾸며줘요(아크릴판 대신 피자판이나, 종이상자를 활용해도 좋아요).

메모리 박스

소중한 아이의 탄생을 기억하고 축하하는 의미로
메모리 박스를 만들어 보세요.

종이 재료   **아래 상자용 흰색 머메이드지** □ 9×27cm 2장   **패턴지** □ 8.6×8.6cm 10장
           뚜껑용 흰색 머메이드지 □ 9.2×13.2cm 2장   □ 1×8cm 1장   **패턴지** □ 8.8×8.8cm 1장   □ 8.8×1.7cm 4장
           케이크 장식 전구용 하늘색 머메이드지 □ 2×12cm 1장   **흰색 머메이드지** □ 5.5×5.5cm 1장
           꾸밈용 흰색 머메이드지 □ 27×18cm 1장   **하늘색 머메이드지** □ 12×12cm 1장

기타 재료   □ 커팅 머신   □ 펀치   □ 스탬프   □ 장식 조명   □ 접착제(양면테이프, 딱풀)

01 아래 상자를 만들기 위해 9×27cm로 재단한 머메이드지 2장을 한쪽 면이 9×9cm가 되도록 칼선을 내어 접어요.

02 종이 2장이 + 모양이 되도록 붙여요.

03 8.6×8.6cm 패턴 종이 10장을 + 모양의 종이 앞, 뒷면에 양면테이프로 붙여줘요.

05 9.2×13.2cm로 재단한 머메이드지 2장을 준비하고, 시접 2cm씩 칼선을 내어 접어준 후 2장이 + 모양이 되도록 붙여줘요 (상자 뚜껑용).

04 펀치로 만든 모양 위에 커팅 머신과 스탬프로 만들어 놓은 다양한 장식을 붙여요.

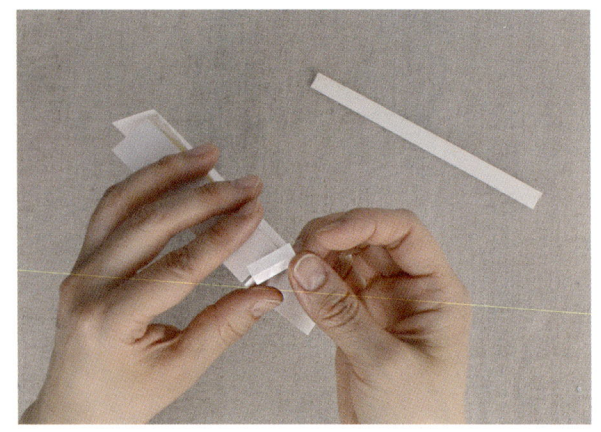

06 1×8cm 재단한 종이를 1×2cm 4개로 잘라서 상자 뚜껑 모서리 부분에 반으로 접어 붙여줘요.

커팅 머신 사용 방법 커팅 머신기 위에 아크릴판을 올리고 원하는 모양의 커팅판을 올려요. 그 위에 종이를 올리고 다시 아크릴판을 덮어 돌리면 원하는 모양의 커팅 종이 완성.

  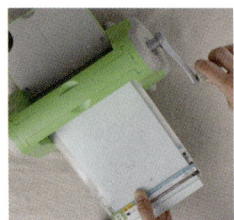  

07 상자 뚜껑 중앙에 패턴지 8.8×8.8cm를 붙이고, 상자 뚜껑 옆면에 8.8×1.7cm로 재단한 패턴지를 붙여줘요.

4면을 모아 뚜껑을 덮으면 깜짝 박스가 완성돼요.

08 커팅 머신으로 만든 장식을 붙여 뚜껑을 완성해요.

09 다양한 장식을 붙여 박스를 완성해요.

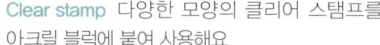

Clear stamp 다양한 모양의 클리어 스탬프를 아크릴 블록에 붙여 사용해요.

케이크 장식 전구 전구 폭에 맞춰 종이를 둘러준 후, 5.5×5.5cm 종이를 모양 펀치로 원 모양을 만들고, 중앙에 구멍을 뚫어 전구를 끼워줘요.

021

PART 1. 아이를 위한 행복한 종이아트

리폼드 캘린더 탁상 앨범

지나간 시간을 담은 달력을 꾸며서
여러분의 추억으로 새롭게 간직하세요.

종이 재료 **1면을 만드는 재료 미색 머메이드지** ☐ 5×10cm 1장　**패턴지** ☐ 9×9cm 3장　**다양한 색상 색지** ☐ 10×8cm 2장 내외
　　　　　☐ 해가 지난 탁상용 달력

기타 재료　☐ 천　☐ 리본　☐ 접착 우드락　☐ 영문 스티커　☐ 단추　☐ 끈　☐ 스탬프　☐ 접착제(양면테이프, 딱풀)

01 해가 지난 탁상용 달력을 준비해요. 달력 바탕에 딱풀로 천을 붙이고, 그 위에 모양을 낸 리본을 양면테이프로 붙여요.

02 패턴지를 꽃 모양 펀치로 모양을 낸 후 접착 우드락을 이용해 달력 위에 붙여요.

03 다양한 색지에 스탬프를 찍어 오린 다음, 배경지를 뒤에 붙인 후 가장자리를 오려서 저널을 만들어줘요. 그런 다음 완성된 저널을 02 위에 붙여줘요.

04 천을 붙인 머메이드지(5×10cm) 위에 영문 스탬프로 Love를 찍은 후 오려서 접착 우드락을 이용해 달력 위에 붙여요.

05 9×9cm 패턴지를 꽃 모양 펀치로 모양을 낸 후 구멍을 뚫고 단추와 함께 끈으로 묶어 장식해요. 그리고 스티커를 이용해서 앨범을 꾸며요.

활용법 지난 달력을 활용할 수도 있고, 칼선 세 번 넣어 접기(146P)를 활용해 다양한 종이와 재료로 각각의 페이지를 구성해 우리 가족만의 탁상용 달력을 만들 수도 있어요.

06 다양한 장식으로 만든 앨범에 사진을 붙여요.

07 다른 면도 만들어 탁상 앨범으로 활용해요.

입체 앨범

입체 장식으로 꾸며진 사진첩을 만들어서
아이들과의 추억을 간직하세요.

종이 재료 갈색 머메이드지 ☐ 13.5×46cm 1장 **연두색 머메이드지** ☐ 13.5×27cm 1장 ☐ 13.5×13.5cm 3장 ☐ 12×12cm 2장
하늘색 디자이너스지 ☐ 13.5×12.5cm 1장 ☐ 13.5×13.5cm 1장 **각기 다른 패턴지** ☐ 12.5×12cm 1장 ☐ 13×13cm 2장 ☐ 13.5×3.5cm 1장
☐ 13.5×13.5cm 3장 **다양한 색상 색지** ☐ 14×14cm 5장 내외

기타 재료 ☐ 리본 ☐ 접착 우드락 ☐ BABY 스티커(or 글자 스티커) ☐ 스탬프 ☐ 브래드 ☐ 단추 ☐ 블러썸 ☐ 접착제(양면테이프, 딱풀)

01 13.5×46cm 머메이드지 위에 13.5cm, 1.5cm, 13.5cm, 1.5cm, 12.5cm, 3.5cm 순으로 칼등을 이용해서 선을 그어준 뒤 접어줘요(Ⓐ 3.5cm는 밖으로 접어요).

02 밖으로 접은 3.5cm 머메이드지(Ⓐ) 위에 패턴지를 붙이고, 그 안쪽에 리본을 붙여요. 그다음에 타이틀, 장식 등을 만들어 붙여서 겉표지를 완성해요.

03 머메이드지 왼쪽 첫 번째 칸(13.5×13.5cm)을 안으로 접어준 뒤, 그 위에 12.5×12cm 패턴지를 붙여요.

05 만들어 놓은 04 위에 스탬프, 리본 등으로 속지를 꾸며요.

04 속지를 만들기 위해 반으로 접은 13.5×27cm 머메이드지 위에 13×13cm 패턴지, 12×12cm 머메이드지 순으로 붙여요.

06 만들어 놓은 05(속지)를 반으로 접어 겉 틀(머메이드지) 중심에 붙여요.

다양한 종류의 스탬프들 나무에 스탬프 고무가 부착된 우드 스탬프와 아크릴판에 스탬프 고무를 부착해서 사용하는 클리어 스탬프가 있어요.

▶ **꼭 알아 두기**

액자를 만들 때 두껍게 하기 위해 13.5×13.5cm의 패턴지와 머메이드지를 합지(2장을 붙임)해서 3장을 준비해요. 준비한 3장의 중심 부분을 4×4cm, 7×7cm, 10×10cm의 네모 모양으로 파서 준비해요.

07 액자 틀 뒷면 3곳에 1×13.5cm의 접착 우드락을 붙이고 계단식으로 올려 붙여요(접착하지 않은 한쪽 면에 사진을 넣을 수 있게 만들어요).

08 사진을 넣을 수 있게 만든 07의 계단식 틀을 06 위에 붙여요.

10 만들어 놓은 기타 장식으로 양옆을 꾸며 완성해요.

09 계단식 틀 양쪽에 하늘색 디자이너스지를 붙이고, 다양한 색지를 커팅 머신기로 잘라 만든 레이스 모양, 리본, 스탬프 등으로 입체 앨범을 꾸며줘요.

소품 보관함

아이와의 추억이 담긴 예쁘고 소중한 소품들을 담아서
보관할 수 있는 입체 앨범이에요.

종이 재료 **속 상자용 보드지** □ 24×24cm 1장　**겉 상자용 보드지** □ 14×38cm 1장(14×7 / 5 / 14 / 5 / 7cm 순으로 재단)　□ 8×6cm 1장
연두색 디자이너스지 □ 39.5×16cm 1장　□ 13.8×37.5cm 1장　□ 26×26cm 1장　□ 5×28cm 2장　**노란색 디자이너스지** □ 14×3cm 2장
패턴지 □ 14×6.5cm 1장　□ 14×6cm 1장　□ 8×6cm 1장

기타 재료　□ 펀치　□ 스티커　□ 햄프끈　□ 리본 60cm 정도　□ 여러 가지 장식　□ 접착제(양면테이프, 딱풀)

01 겉 상자용으로 14×38cm 보드지를 준비하여 14×7cm, 5cm, 14cm, 5cm, 7cm로 재단해요.

02 39.5×16cm 디자이너스지 위에 **01**에서 자른 보드지를 0.3cm로 간격을 띄어서 순서에 맞게 붙여요.

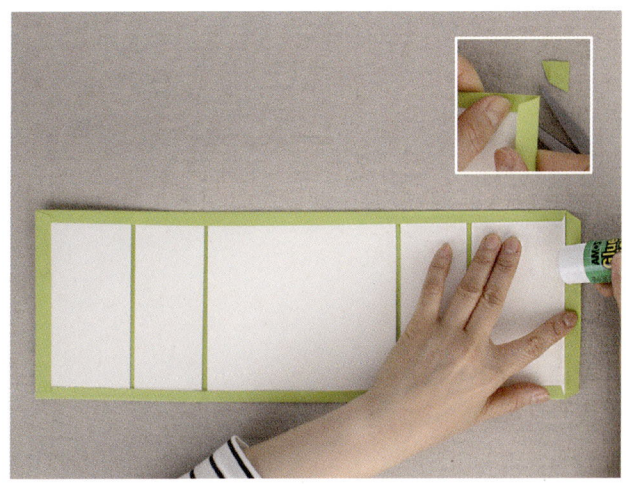

03 모서리는 시접을 자른 후, 위아래 시접과 양옆의 시접을 딱풀로 붙여요.

04 완성된 **03**의 겉 상자 보드지 위에 13.8×37.5cm 디자이너스지를 딱풀로 붙여요.

05 속 상자용 보드지 24×24cm를 가로세로 5cm 높이의 간격으로 칼선을 내고 모서리는 직각으로 잘라요.

06 26×26cm 디자이너스지 위에 **05**의 속 상자 보드지를 놓고 디자이너스지의 모서리 시접분도 직각으로 잘라내요.

07 속 상자를 칼선대로 접어 **06**의 디자이너스지 양쪽 시접 끝 부분을 딱풀로 붙여요.

08 5×28cm 디자이너스지 2장을 속 상자 밖으로 둘러 붙여 입체 상자를 만들어요.

09 04의 겉 상자 위에 08의 속 상자를 풀칠하여 붙여요.

10 14×3cm 디자이너스지를 펀칭하여 뚜껑이 될 부분 안쪽에서 밖으로 돌려 붙여요.

12 뚜껑 부분의 장식은 8×6cm 보드지 위에 8×6cm 패턴지를 붙이고 그 위에 알파벳과 단추 등으로 장식하고 리본은 왼쪽 방향으로 붙여서 완성해요.

11 상자 안쪽에 14×6.5cm 패턴지를 바닥에 붙이고, 여러 가지 장식과 사진을 배치해 붙여요.

목마 키 재기

아이가 얼마나 자랐는지 볼까요?
까치발은 안 돼요~~

종이 재료　**본체용** 흰색 디자이너지 □ 26×26cm 4장　□ 52×13cm 4장　□ 5×12.8cm 3장　빨간색, 흰색 머메이드지 □ 13×13cm 각 1장
　　　　　　　□ 18×4cm 각 1장　노란색 머메이드지 □ 14×5cm 1장
　　　　　　　장식용 분홍색 디자이너지 □ 6×5cm 10장　갈색 머메이드지 □ 10×25cm 1장　패턴지 □ 15×3cm 2장　다양한 색상 색지 □ 10×10cm 6장 내외

기타 재료　□ 긴 줄　□ 빨대　□ 단추　□ 눈 스티커　□ 접착제(양면테이프, 딱풀)

01 26×26cm 4장과 52×13cm 4장으로 재단한 종이를 모두 문접기해요.

02 접어 놓은 26×26cm 1장과 52×13cm 1장을 각 1장씩 서로 시접을 끼워 본체용 4장을 만들어요.

03 5×12.8cm 종이를 반접었다 펴서 양쪽에 양면테이프를 붙이고 본체용 종이 2장 사이에 끼워서 길게 이어줘요.

04 흰색과 빨간 종이를 사선으로 잘라 삼각 모양을 만들어요.

05 빨간 삼각형 종이를 도면에 맞게 잘라 흰색 종이에 붙인 후 모양 펀치로 만든 노란 장식을 붙여 지붕을 완성해요.(Part 4 도면 참조)

07 분홍색 디자이너스지를 준비해 커팅 머신으로 숫자 모양을 만들고 갈색 머메이드지로 눈금을 만들어 5cm 단위로 표시해 붙여요(숫자는 따로 모양을 만들거나 스티커로 붙여도 좋아요).

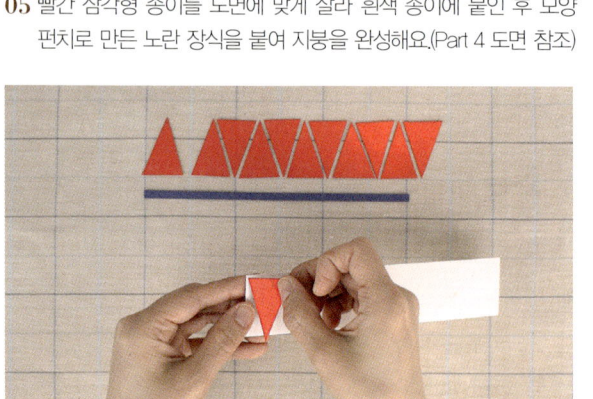

06 바닥 부분에 사용할 흰색 머메이드지 18×4cm에 18×4cm로 재단된 빨간 머메이드지를 삼각형 모양으로 자른 후 붙여줘요.

08 다양한 색지를 준비해 목마 도면대로 오려 붙여요.(Part 4 도면 참조, 눈은 스티커 활용)

아이 방 입구에 걸어 놓고 키도 체크하고 메모도 하고 사진도 붙여 아이만의 추억을 만들어 보세요.

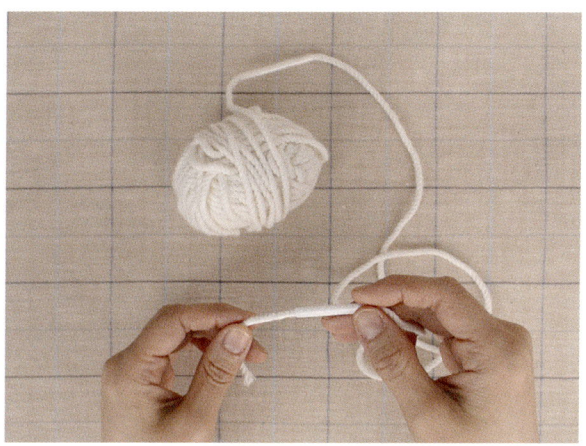

09 빨대를 알맞은 길이로 잘라서 긴 줄에 끼워줘요.

10 빨대 위에 목마를 붙인 후 키 재기에 줄을 고정하고 지붕과 바닥을 붙여 완성해요.

돌잔치 방명록

기쁜 날, 기쁨을 함께하는 분들의
소중한 메시지를 담아 보세요.

종이 재료   연두색 머메이드지 ☐ 21×65.5cm 1장   예쁜 한지 ☐ 21×29.7cm(A4) 50장   흰색 디자이너스지 ☐ 5×21cm 1장
          보드지 ☐ 29.5×20.5cm 1장 ☐ 20.5×19.5cm 1장 ☐ 5×19.5cm 1장   다양한 색상 색지 ☐ 12×8cm 4장 내외   패턴지 ☐ 4×21cm 1장

기타 재료   천 ☐ 33.5×24.5cm 1장 ☐ 21.5×20.5cm 1장 ☐ 6×20.5cm 1장 ☐ 자석 2개 ☐ 블러썸 ☐ 브래드 ☐ 리본 ☐ 끈 ☐ 스탬프
          ☐ 모양 가위   ☐ 펀치   ☐ 접착제(양면테이프, 딱풀)

01 연두색 머메이드지에 칼등으로 8cm, 1cm, 30.5cm, 1cm, 25cm 순서로 선을 내줘요.

03 속지가 될 한지 50장을 10장씩 나누어 중심 부분에 타공 펀치로 구멍을 내줘요.

02 선을 낸 종이를 안쪽으로 접어줘요.

04 타공이 된 한지를 리본으로 묶은 뒤 머메이드지 중심 (30.5cm 부분)에 붙여줘요.

05 겉표지 왼쪽 끝 중심과 오른쪽 끝 중심에 자석을 붙여요(자석이 서로 잘 맞을 수 있도록 미리 연필로 체크해요).

06 양쪽 자석을 붙인 윗부분에 리본을 붙여 마무리해요.

07 29.5×20.5cm 크기의 보드지를 33.5×24.5cm 천으로 감싸줘요.

08 보드지 가운데에 풀을 바르고, 가장자리에는 양면테이프를 붙인 후 겉표지 뒷면(30.5cm 부분 뒷면)에 붙여요.

09 겉표지 앞면에 20.5×19.5cm 보드지, 21.5×20.5cm 천의 순서로 붙여요.

10 왼쪽 윗면에 펀치로 만든 종이 레이스(5×21cm 흰색 디자이너스지)를 붙인 후, 4×21cm 패턴지, 5×19.5cm 보드지, 6×20.5cm 천의 순서로 붙여요.

12 끈과 블러썸 등 다양한 장식을 붙여 완성해요.

11 다양한 색지에 스탬프로 '방명록' 타이틀을 찍은 후 종이를 덧대어 붙여요.

도구 활용 낱말 스탬프와 모양 가위로 다양한 모양을 만들거나 연출할 수 있어요.

자투리 종이로 리스 만들기

자투리 종이로 예쁜 리스를 만들어
벽 장식으로 활용해요.

종이 재료 흰색 머메이드지 □ 2.5×12cm 1장   **다양한 패턴지** □ 1.5×12cm 22장   **장식용 꽃 머메이드지** □ 2.5×25cm 1장 □ 2×23cm 1장
기타 재료 □ 백업   □ 스탬프   □ 낚싯줄   □ 단추   □ 접착제(양면테이프, 딱풀, 글루건)

01 1.5×12cm로 재단한 패턴지를 22장 준비해요.

02 백업을 26cm 길이로 자른 후 원을 만들어줘요.

03 링 모양의 백업 위에 재단한 종이를 걸어서 고리 모양으로 붙여줘요.

04 글루건을 이용해 백업에 고리 모양의 패턴지를 고정시켜요.

05 글루건으로 고리들을 0.3cm 정도 겹치도록 계속 붙여 리스를 만들어요.

06 2.5×12cm 머메이드지에 원하는 디자인의 스탬프를 찍어주고, 커팅 머신으로 모양을 만들어줘요.

리스 장식용 꽃 만들기 58p 러블리 파티 벽 장식과 같은 모양으로 종이를 접어 둥글게 말아줘요(Part 4 도면 활용).

07 펀치로 만든 모양을 구성해서 완성된 리스에 붙여요.

08 부자재로 장식하고 낚싯줄을 걸어 완성해요.

생활용품 활용법 집에 있는 다양한 단추를 리스 장식용으로 활용해요.

기념 카드 모음집

해마다 받는 축하 카드나 기념 카드,
메시지를 모아서 예쁘게 보관해요.

종이 재료　패턴지 □ 32×14cm 1장　□ 22.5×14cm 1장　□ 10×14cm 1장　**흰색 머메이드지** □ 14.5×9cm 1장
　　　　　모시 종이 □ 10×14cm 1장　□ 17×9cm 1장
기타 재료　□ 펀치　□ 리본　□ 레이스　□ 접착제(양면테이프, 딱풀)

01 32×14cm, 22.5×14cm, 10×14cm로 재단한 패턴지를 준비해요.

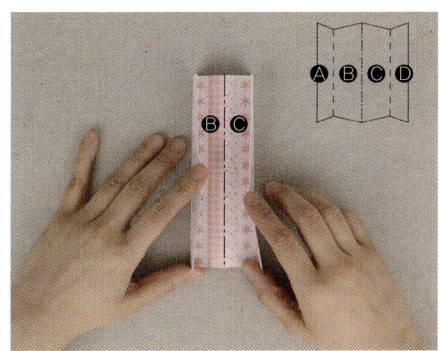

02 재단한 10×14cm를 문접기하고 펼친 후, 중심 선 부분을 밖으로 접었다(산선) 펴요.

03 02 종이를 뒤집어, 가운데 2면을 양면테이프로 붙이고 다시 뒤집으면 책등이 돼요(책등 Ⓐ, Ⓑ, Ⓒ, Ⓓ 4면이 나와요).

05 03(책등) Ⓐ, Ⓑ 사이에 패턴지 22.5×14cm를 붙여요(Ⓐ, Ⓑ 면 양쪽을 다 접착해요).

04 재단한 패턴지 22.5×14cm, 32×14cm를 2장 모두 다 2.5cm 남기고, 이등분해 접어줘요.

06 05의 뒷면 Ⓒ, Ⓓ 사이에 32×14cm 이등분한 패턴지를 붙여 모음집을 만들어줘요(이때 Ⓓ에만 접착을 해요).

주머니 만들어 보관하기 다양한 재료로 각각의 면을 장식하고 추억이 담긴 사진과 기념 카드를 주머니에 담아 나만의 기념 카드 모음집을 만들어 보관해요.

08 모양 펀치로 모양을 만들고, 원하는 문구를 붙여 속지를 완성해요.

09 앞표지에 리본, 펀칭한 원, 블러썸을 구성해서 장식하고 붙여 기념 카드 모음집을 완성해요.

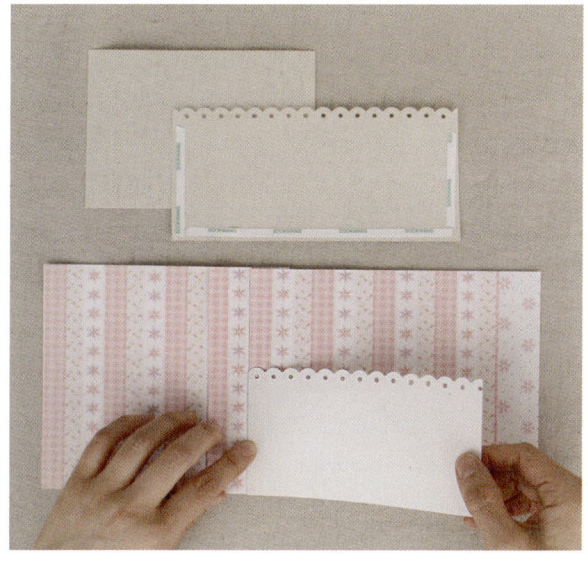

07 만들어진 모음집 틀 각각의 아래쪽에 흰색 머메이드지와 모시종이를 붙여 주머니를 만들어줘요(부착 종이는 3면만 접착해요).

캔버스 수유 등

엄마의 마음이 가득 담긴 수유 등을 만들어 보세요.
새근새근 잠든 아가의 얼굴에 미소가 가득해요.

종이 재료 캔버스(종이상자나 30p 소품 보관함 상자 만들기를 응용해도 좋아요) ☐ 32×42cm
기타 재료 ☐ 필름지 ☐ 스티커 ☐ 알파벳 ☐ 햄프끈 ☐ 메시지 스티커 ☐ 미니 전등 ☐ 접착제(양면테이프, 목공용 본드)

01 캔버스(종이상자) 뒷면에 도면(별과 달)을 대고 본을 뜬 후 칼로 도려내요(Part 4 도면 참조).

02 캔버스 뒷면에 투명한 필름지를 양면테이프로 붙여요.

03 캔버스를 뒤집어서 별자리 조각 위에 햄프끈을 0.7cm로 잘라 목공용 본드로 붙여요.

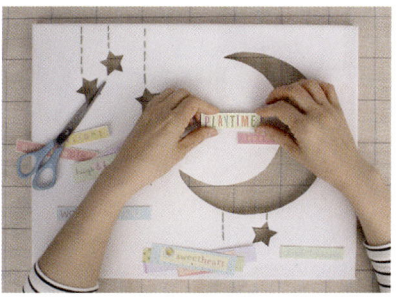

04 앞면에 메시지 스티커를 각각의 자리에 붙여요.

05 알파벳 스티커는 우드락으로 높이를 주어 입체감 있게 붙여요.

06 뒷면에 미니 전구를 양면테이프로 붙여 고정해 완성해요.

07 완성된 캔버스 수유 등으로 은은한 분위기를 살려요.

태아 앨범

내 아이의 탄생을 기다리며
나만의 앨범으로 예쁘게 꾸며 보세요.

종이 재료 보드지 ☐ 23×21cm 2장 ☐ 2.5×21cm 1장 ☐ 3×21cm 1장 ☐ 13×10cm 1장 ☐ 8×5cm 1장
  미색 머메이드지(속지) ☐ 21×18cm 10장 다양한 색상 색지 ☐ 12×17cm 3장 내외

기타 재료 천 ☐ 25×55cm 1장 ☐ 20×48.5cm 1장 ☐ 5×23cm 1장 ☐ 14.5×11.5cm 1장 ☐ 9.5×6.5cm 1장 ☐ 8×8cm 1장
  ☐ 접착 우드락 ☐ 리본 ☐ 끈 ☐ 코너 ☐ 단추 ☐ 바인더 ☐ EZ 볼트 ☐ 펀치 ☐ 스탬프 ☐ 접착제(양면테이프, 딱풀)

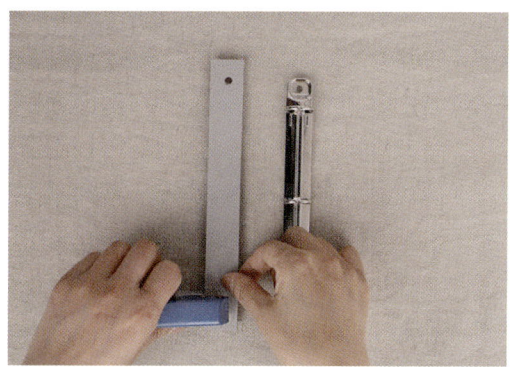

01 2.5×21cm 보드지를 바인더 위치에 맞춰 구멍을 뚫어 줘요.

02 보드지(23×21cm, 2.5×21cm, 23×21cm)에 풀칠한 후, 천(25×55cm) 위에 0.5cm 간격으로 순서대로 붙여요.

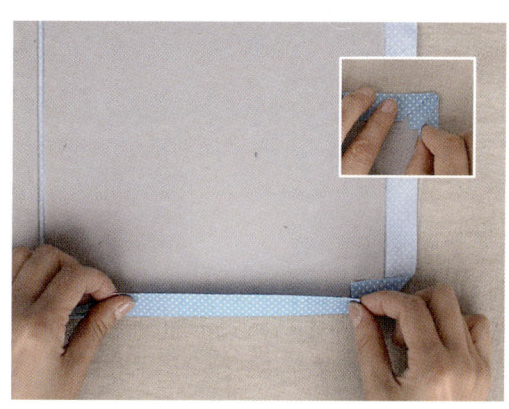

03 남아 있는 천 끝부분을 풀칠하여 보드지를 감싸줘요.

04 20×48.5cm로 재단된 천을 03 위에 붙여요.

05 구멍에 맞춰 바인더를 놓은 뒤 EZ 볼트로 조여요.

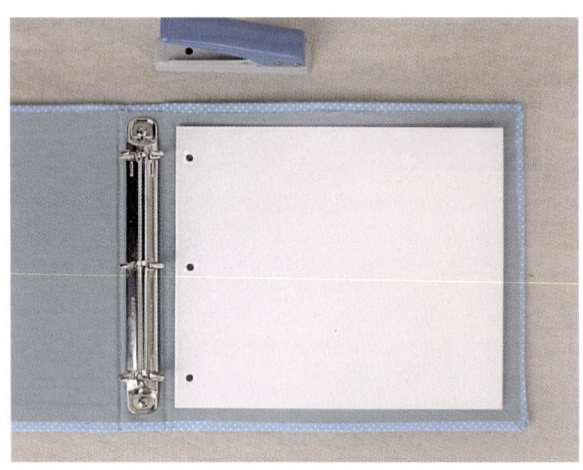

06 펀치로 속지에 구멍을 뚫은 뒤 바인더에 꽂아줘요.

07 앞면 장식을 위해 3×21cm 보드지를 5×23cm 천으로 감싼 후, 리본으로 꾸며 붙여요.

08 13×10cm와 8×5cm 보드지의 가운데를 도려내서 1cm 폭의 틀로 만든 뒤 각각 14.5×11.5cm, 9.5×6.5cm 천으로 감싸요.

09 네모난 모양으로 완성된 틀을 끈으로 예쁘게 꾸며요.

10 단추 등으로 표지를 꾸민 뒤, 모서리에 코너를 씌워 커버를 완성해요.

11 다양한 색지로 앨범의 안쪽을 아이 사진과 함께 스탬프, 끈, 리본, 펀치로 찍어낸 하트 등으로 장식해서 나만의 태아 앨범을 만들어요.

하트 활용법 하트 자르기나 만들기가 어려운 분들은 스티커나 펀치를 활용할 수도 있어요.

러블리 파티 벽 장식

특별한 기념일, 아이의 생일, 가족의 의미 있는 날들을
축하하는 자리를 더욱 빛나게 해줄 파티 장식을 만들어요.

종이 재료 짙은 갈색 디자이너지 □ 54×10cm 2장 □ 54×4cm 1장   베이지색 디자이너지 □ 20.3×20.3cm 1장
기타 재료 □ 스티커 □ 펀치 □ 리본 □ 단추 □ 기타 부자재 □ 접착제(양면테이프, 글루건)

01 54×4cm 디자이너스지를 8등분하여 지그재그로 접어줘요(Part 4 도면 참조).

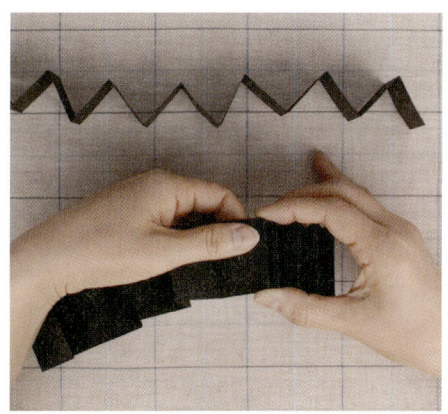

02 01을 16등분, 32등분하여 다시 지그재그로 접어줘요(일정한 간격으로 동일하게 지그재그로 접어요).

03 02에서 접은 종이의 처음과 끝을 양면테이프로 붙여요(원통 모양 만들기).

04 03의 모양을 통으로 만들어 중심을 가운데로 모아 원의 형태로 만들어요. 중심은 글루건이나 본드로 고정해요.

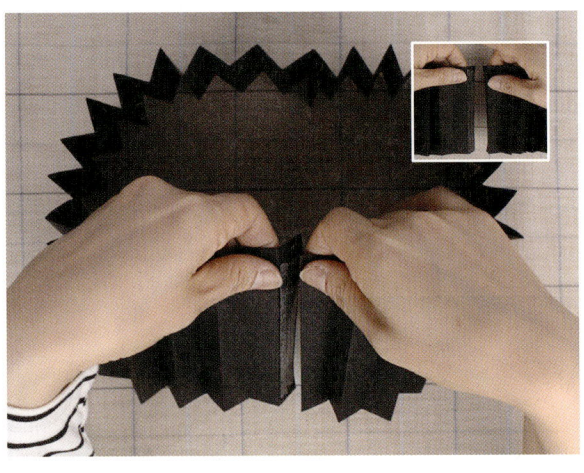

06 05에서 접은 2장의 디자이너스지를 길게 붙이고 처음과 끝부분을 연결하여 통으로 만들어요.

05 54×10cm의 디자이너스지를 01과 같이 접어요(2장 준비).

07 06의 모양을 통으로 만들어 중심을 가운데로 모아 원의 형태로 만들어요. 중심은 글루건이나 본드로 고정해요.

다양한 로제트를 만들어 벽에 걸어 예쁘게 꾸며요.

08 20.3×20.3cm의 디자이너스지는 더블 펀치를 사용해 동그란 레이스를 만들어요(시중에서 구입 가능한 도일리 페이퍼를 활용해도 좋아요).

09 07에서 완성한 로제트 위에 레이스를 붙이고 그 위에 04에서 만든 작은 로제트를 글루건으로 붙여요.

10 리본과 단추, 스티커, 나무 반제 등을 장식하고 완성해요.

로제트 여러 가지 장식, 종이를 활용해 다양한 크기의 로제트를 만들 수 있어요.

고양이 흑백 모빌

다양한 모양의 고양이가 장난스럽게 실뭉치를 갖고 노는 모습이 귀여워요.
아이가 무척 좋아하겠죠?

종이 재료 고양이 모빌용 검정색 머메이드지 □ 21×17cm 1장　　흰색 머메이드지 □ 9×14cm 1장
　　　　　 걸이용 흰색 머메이드지 □ 25×6cm 1장
기타 재료 □ 눈 스티커　　□ 실　　□ 리본　　□ 스티로폼 볼 5개　　□ 접착제(양면테이프, 글루건)

01 준비된 종이를 고양이 도면대로 오려요(Part 4 도면 참조).

02 눈 스티커를 고양이 얼굴에 붙여 표정을 만들어줘요.

03 고양이 몸에 오린 얼굴을 붙여줘요.

04 작은 스티로폼 볼에 양면테이프를 붙인 후, 실을 감아서 실뭉치를 만들어요.

05 고양이 몸에 실을 감아줘요.

06 모빌을 만들기 위해 26×6cm 종이를 준비해서 모양 펀치로 펀칭해요.

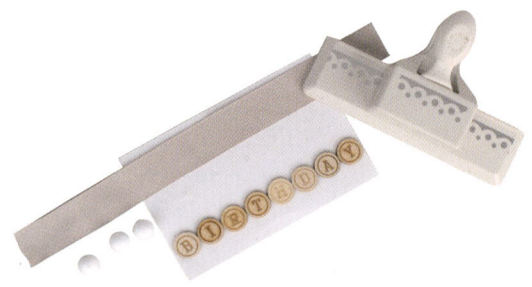

모양 펀치와 장식용품 펀칭할 종이는 얇은 종이보다 120~180g 정도의 두께가 적당해요.

07 펀칭한 구멍에 **05**를 달아줘요.

08 4마리의 고양이를 각기 다른 길이로 달아 완성해요.

돌 테이블 장식 액자

오래되고 낡은 액자가 예쁜 종이와 만나
산뜻한 돌 테이블 장식을 겸한 액자로 바뀌었어요.

종이 재료 연갈색 머메이드지 □ 15×20cm 1장 **흰색 머메이드지** □ 8×12cm 1장 **패턴지** □ 8.5×12.5cm 1장 □ 2.5×5cm 6장
기타 재료 우드락 □ 8×12cm 1장 □ 액자 □ 스티커 □ 스탬프 □ 햄프끈 □ 단추 □ 접착제(양면테이프, 딱풀, 목공용 본드)

01 액자 안 유리를 꺼낸 후 같은 크기로 자른 머메이드지를 양면테이프로 유리 위에 붙여요.

02 사진을 붙일 흰색 머메이드지를 패턴지 위에 붙여요.

03 02의 매트에 높이를 주기 위해 같은 크기의 우드락이나 두꺼운 보드지를 양면테이프로 붙여요.

04 2.5×5cm로 자른 패턴지 아랫부분을 삼각형(△) 모양으로 잘라 준비해요(길이를 조금씩 다르게 하면 예뻐요).

05 목공용 본드로 햄프끈을 바닥에 붙이고 04에서 자른 패턴지와 햄프끈 리본도 붙여요.

06 05의 갈런드에 별과 알파벳 스티커를 장식해요.

08 액자 안에 넣어 완성해요.

07 메시지 스티커에 매트를 붙이고, 단추로 장식해요.

09 다양한 종이로 액자를 꾸며 돌 테이블 장식용이나 벽 장식용 액자로 활용할 수 있어요.

태교 음악 CD 케이스

예쁜 종이로 만들고 꾸민 케이스에
태교 음악 CD를 보관해 보세요.

종이 재료 연분홍색 머메이드지 □ 26×12.5cm 1장   미색, 연두색 머메이드지 □ 14×8cm 각 1장   흰색 머메이드지 □ 9×7cm 1장
   분홍색 디자이너스지 □ 12×12.5cm 1장   □ 5.5×12cm 2장   패턴지 □ 12.5×13cm 3장
   다양한 색상 색지 □ 14×10cm 4장 내외   □ CD 종이 케이스 3장

기타 재료 □ 접착 우드락   □ 리본   □ 블러썸   □ 브래드   □ 스탬프   □ 모양 가위   □ 접착제(양면테이프, 딱풀)

01 26×12.5cm 머메이드지에 6.5cm, 13cm, 6.5cm 간격으로 칼등으로 선을 내어 접어줘요.

02 모양 가위로 양옆에 모양을 내줘요.

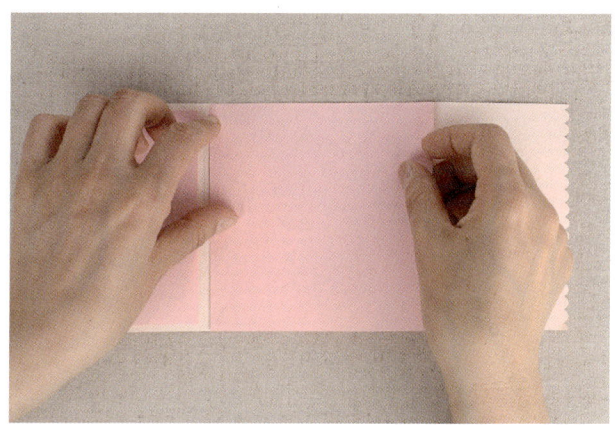

03 머메이드지 중심 칸에 양옆으로 0.5cm 정도 띄어주고 12×12.5cm 디자이너스지를 붙여줘요(양옆 날개 부분은 5.5×12cm 디자이너스지를 0.5cm 정도 폭을 주어 붙여 머메이드지가 보이게 해요).

04 9×7cm 흰색 머메이드지로 포토 매트를 만들어 붙이고, 별, 새, 물결 무늬 스탬프 등으로 꾸며줘요.

06 CD가 보이도록 패턴지 가운데를 원형으로 오려줘요.

05 다양한 색지에 펀치로 별을 만든 후 접착 우드락을 이용해서 포토 매트 주변을 장식해요.

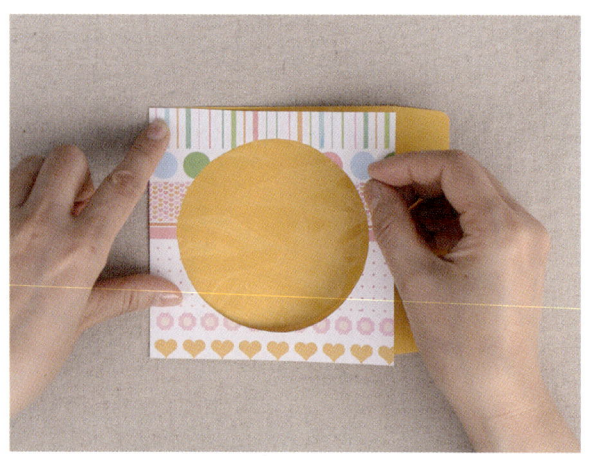

07 CD 종이 케이스 입구가 오른쪽으로 오게 한 후, 패턴지를 붙여줘요.

별 모양 별 스티커나 펀치가 있어 활용해 볼 수도 있어요.

08 다양한 색지에 'cutie' 글씨를 그려 오린 후 미색, 연두색 머메이드지로 꾸며줘요.

09 리본을 반으로 접은 후, 포토 매트와 케이스 사이에 3cm 간격을 주고 붙여줘요(케이스 뒷면 좌우 끝에서 1cm 정도 띄어주고 양면테이프로 붙여줘요).

10 리본으로 매듭을 지어 장식하고, 사진과 'cutie'를 붙여서 완성해요.

i love how You love me!
snips & snails
and puppy dog tails
i love how You love me!

snips & snails
and puppy dog tails
i love how You love me!
i love how You love me!

PART 2
아이와 함께 만드는 종이아트

사진집게 장식걸이

사각 액자 틀 빈 공간에 다양한 모양의 종이와 가족사진을
걸어 놓으면 멋진 장식품이 돼요.

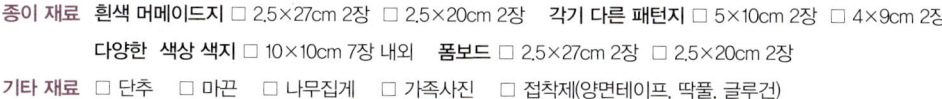

종이 재료   **흰색 머메이드지** ☐ 2.5×27cm 2장   ☐ 2.5×20cm 2장   **각기 다른 패턴지** ☐ 5×10cm 2장   ☐ 4×9cm 2장
           다양한 색상 색지 ☐ 10×10cm 7장 내외   **폼보드** ☐ 2.5×27cm 2장   ☐ 2.5×20cm 2장

기타 재료   ☐ 단추   ☐ 마끈   ☐ 나무집게   ☐ 가족사진   ☐ 접착제(양면테이프, 딱풀, 글루건)

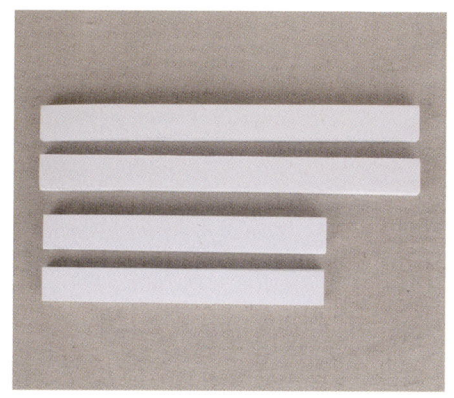

01 폼보드 2.5×27cm로 2개, 2.5×20cm로 2개 재단해서 준비해요.

02 재단한 폼보드 4개를 사진과 같은 모양이 되도록 글루건으로 붙여줘요.

03 폼보드와 같은 크기의 흰색 머메이드지를 재단한 후, 폼보드 위에 붙여줘요(2개의 폼포드가 겹치게 붙여요).

다양한 활용 작은 갈런드만으로도 장식을 할 수 있고, 크게 만들어 벽 장식을 하기에도 좋아요.

04 패턴지를 5×10cm로 2개, 4×9cm로 2개 재단 후, 아랫부분을 삼각형(△) 모양으로 오려요.

05 커팅 머신으로 여러 가지 모양을 오려낸 후, 04에 자유롭게 구성해서 붙여줘요.

06 마끈을 양쪽 단추에 끼워서 연결한 후, 03에 글루건으로 붙여 줘요.

07 준비한 가족사진과 여러 개로 만들어진 05를 집게를 이용해서 마끈에 달아 완성해요.

문접기 활용 액자

문접기를 응용하여 만든 조립 액자예요.
두 개의 문접기 유니트를 연결해 멋진 소품 액자를 만들어요.

종이 재료 미색 디자이너스지 □ 39×27cm 4장 □ 3.5×8cm 2장 □ 5×19.5cm 1장　**흰색 머메이드지** □ 7×8cm 1장
　　　　　 갈색 디자이너스지 □ 4×8cm 2장　각기 다른 패턴지 □ 18.5×12.5cm 1장 □ 7.5×10.5cm 1장 □ 2×20cm 2~3장
기타 재료 리본 □ 4×11cm 2장　□ 스탬프　□ 햄프끈　□ 단추　□ 블러썸　□ 접착제(양면테이프, 딱풀, 목공용 본드)

01 39×27cm 디자이너스지를 가로(위아래)로 문접기하고 계속해서 한 번 더 세로(양옆) 문접기를 해요(2장 준비).

02 39×27cm 디자이너스지를 세로(양옆) 문접기하고 계속해서 한 번 더 가로(위아래) 문접기를 해요(2장 준비).

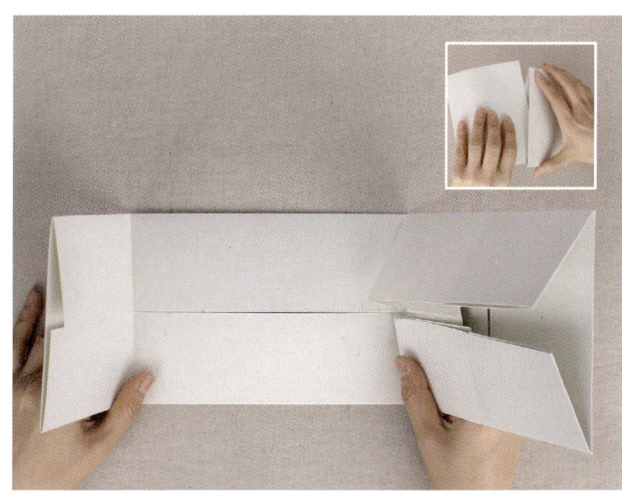

03 01의 문접기 위에 02를 올려놓고 문접기 선대로 접으면서 마주 보고 끼워 조립해요(2세트 조립).

04 03에서 조립한 2개의 세트를 세워 뒷부분에 5×19.5cm 디자이너스지를 길게 반으로 접어 밑면만 풀칠해서 끼워요.

05 각 세트 조립 부분 아래의 사이에 4×11cm 리본을 목공용 본드로 끼워 붙여요.

06 4×8cm 디자이너스지 위에 3.5×8cm 종이를 풀로 붙이고 윗부분에 끼워 장식해요.

07 액자 앞면에 18.5×12.5cm 패턴지를 양면테이프로 붙이고 2×20cm 패턴지를 적당한 길이로 잘라 그 위에 붙여요.

양면 탁상용 앨범 앞, 뒷면에 사진과 글을 넣고 꾸미면 양면 탁상용 앨범을 만들 수 있어요.

08 7.5×10.5cm 패턴지에 7×8cm 머메이드지를 약간 아래로 붙이고, 윗부분을 햄프끈으로 감아 **07**번 위에 양면테이프로 붙여요.

09 **07** 위에 스탬프 메시지와 태그를 장식해 완성해요.

봄꽃을 담은 팝업 장식

따스한 봄날을 담은 예쁜 팝업 카드를 만들어
아이에게 선물해 주세요.

종이 재료 미색 머메이드지 □ 19.5×54cm 1장 **갈색 머메이드지** □ 10×4cm 2장 □ 13×2cm 1장 **분홍색, 녹색 디자이너스지** □ 6×10cm 각 2장 **보드지** □ 13.5×19.5cm 2장 **다양한 색상 색지** □ 7×7cm 2장 내외

기타 재료 천 □ 25×24cm 2장 □ 리본 □ 끈 □ 별단추 □ 알파벳 스티커 □ 이쑤시개 □ 펀치 □ 나무집게 □ 접착제(양면테이프, 딱풀, 글루건)

01 미색 머메이드지 19.5×54cm를 칼등으로 4등분해서 접어줘요.

02 가운데 중간에 칼집을 내어 뒤로 접어줘요(Part 4 도면 참조).

03 다른 접어진 면도 칼집을 내어 앞으로 접어줘요.

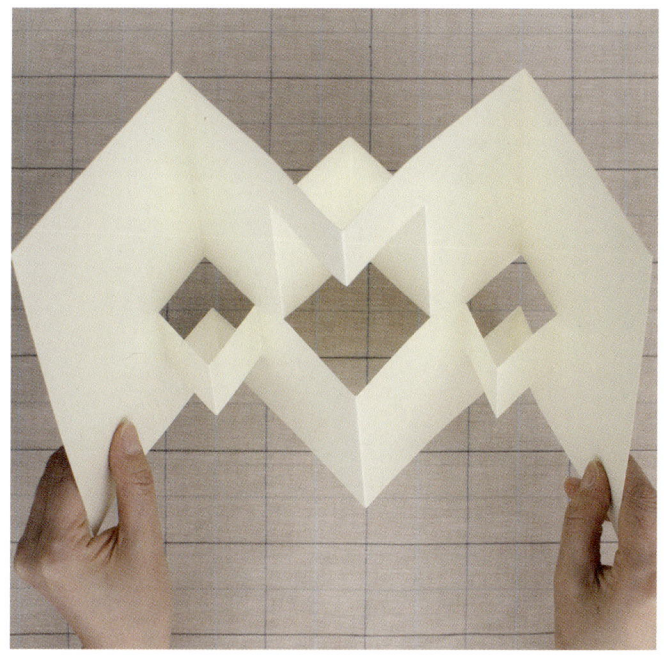

04 접은 면을 펼쳐 사진처럼 팝업을 만들어요.

갈런드는 끈에 매단 장식
이에요. 이 갈런드를 지지
대에 고정한 후, 글루건을
이용해서 붙여줘요.

07 디자이너스지로 풀잎과 꽃, 꽃봉오리 등을 만들어 입체 부분에 창처럼 꾸며주고, 갈런드로 장식해요.

05 레이스 펀치를 이용해 갈색 머메이드지 10×4cm, 13×2cm에 무늬를 만들어줘요.

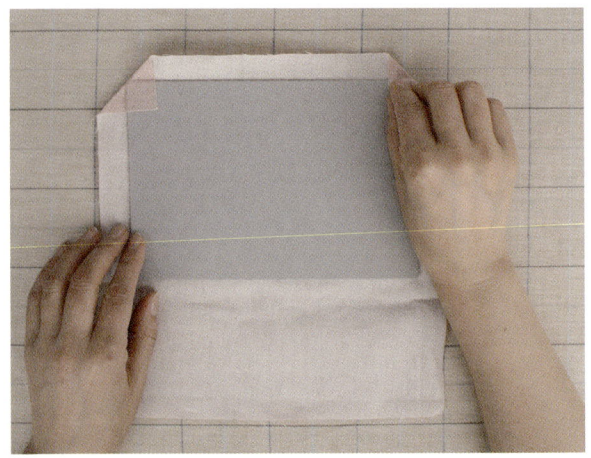

08 양쪽 커버를 만들 2장의 보드지 13.5×19.5cm를 각각 천으로 감싸 붙여요(카드의 안쪽에서는 커버가 보이니 천의 한쪽 부분을 넓게 해서 감싸요).

06 05를 팝업 부분에 붙이고, 리본으로 꾸며줘요.

09 완성된 카드 속지에 **08**을 앞뒤로 붙여요.

10 **09**에 레이스를 이용하여 장식해요.

11 별단추와 끈, 알파벳 스티커 등을 활용해 안쪽 구성을 완성해요.

데스크 장식 겸 앨범

폴드북 형태의 미니 앨범으로 각각의 연결 부위를 리본으로 연결해 자연스러운 연출이 가능하도록 만든 앨범이에요.

종이 재료 보드지 □ 11×15cm 4장   미색 디자이너스지 □ 10.8×14.8cm 4장   □ 9×13cm 2장   □ 9×7.5cm 2장
짙은 색 디자이너스지 □ 9×13.5cm 1장   □ 9×9.5cm 2장

기타 재료 린넨 천 □ 13×17cm 4장   □ 스티커   □ 참 장식   □ 레이스   □ 리본   □ 블러썸   □ 접착제(양면테이프, 딱풀)

01 11×15cm 보드지를 13×17cm 린넨 천 위에 풀칠해 붙여요(4장 준비).

02 시접을 풀칠해 붙여 앨범판 4개를 만들어요(모서리는 가위로 잘라요).

03 02의 앨범판 4장 사이에 0.3cm 간격을 띄우고 리본 2줄을 붙인 후 양 끝부분에는 15cm 리본을 붙여요.

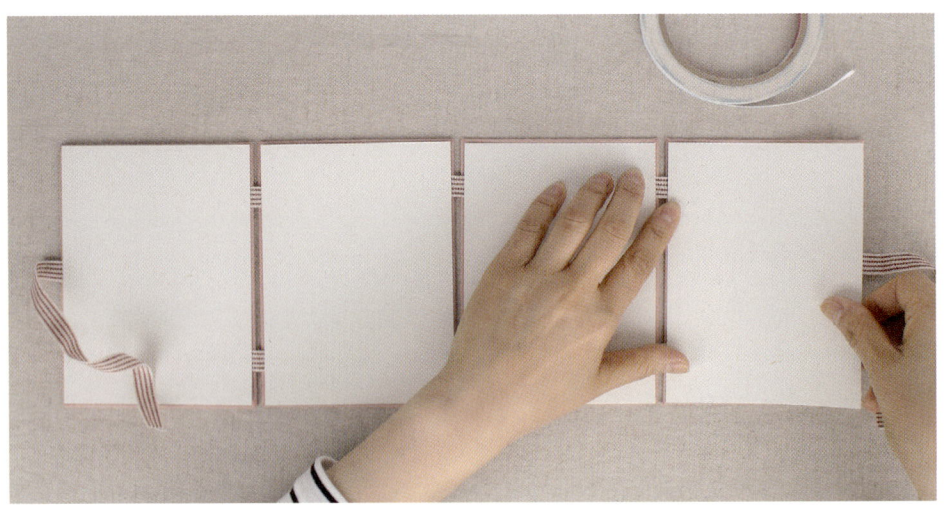

04 리본으로 연결된 보드지 위에 10.8×14.8cm 디자이너스지를 양면테이프로 붙여요.

05 각각의 앨범판 위에 디자이너스지, 리본, 단추, 스티커, 사진 등으로 장식해 앨범 속 부분을 완성해요.

06 단추, 리본, 펀치 등의 다양한 장식으로 앞면을 장식해 완성해요.

07 완성한 액자를 입체로 만들어 활용해요.

활용하기 테이블 위에 양초와 함께 놓으면 소품 장식으로 활용할 수 있어요.

비행기 풍경(風磬)

바람을 타고 울리는 종소리가 은은해요.
비행기 풍경을 만들어 봐요.

종이 재료 □ 별 골판지 □ 15×30cm 2장   **분홍색, 노란색 디자이너스지** □ 8×8cm 각 1장   **빨간색 디자이너스지** □ 5×5cm 1장
□ 하늘색 디자이너스지 □ 20×10cm 1장   □ 파란색 머메이드지 □ 15×30cm 2장   □ 미색 머메이드지 □ 9×9cm 1장
□ 흰색 머메이드지 □ 6×10cm 1장   □ 하늘색 머메이드지 □ 13×21cm 1장

기타 재료 □ 백업 □ 종 □ 클립 □ 접착제(양면테이프, 딱풀, 글루건)

01 몸통(별 골판지, 파란색 머메이드지), 날개(하늘색, 흰색 머메이드지), 비행기 창틀(분홍색 디자이너스지, 미색 머메이드지), 프로펠러(노란색, 하늘색, 빨간색 디자이너스지)를 도면대로 잘라 준비해요(Part 4 도면 참조).

02 몸통용으로 오린 골판지에 하늘색 날개를 붙여줘요.

03 02 위에 파란색 머메이드지를 붙여요.

04 종이를 뒤집어서 날개와 창 등을 붙여요.

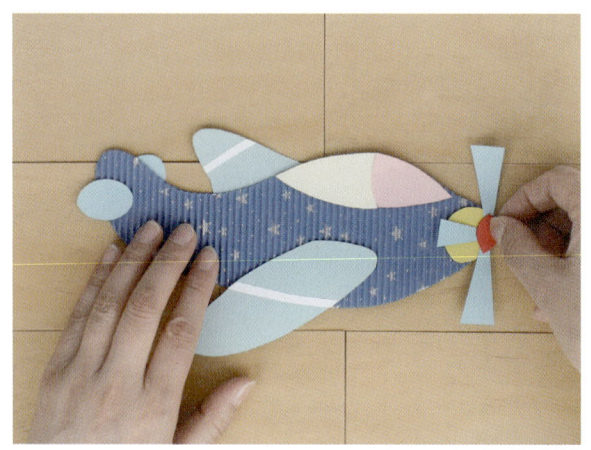

05 프로펠러를 붙여 비행기를 완성해요(비행기 2개 = 1쌍).

06 클립을 자른 뒤, 글루건을 이용하여 자른 클립 끝에 실리콘을 둘러줘요. 그런 다음 클립을 3cm 백업에 끼워 고정해요.

07 06에 종과 고리를 달아줘요.

08 완성된 **07**에 다른 면의 비행기를 붙여 풍경을 완성하고 벽이나 창에 걸어주세요.

토끼 하트 팝업북

작고 귀여운 토끼가
어디 어디 숨었나~~

종이 재료 　**카드용** 흰색 디자이너스지 ☐ 23×16cm 1장　　**연분홍색 디자이너스지** ☐ 22×15cm 1장
　　　　　　하트용 흰색 머메이드지 ☐ 10×10cm 1장　☐ 6.5×6.5cm 1장　**분홍색 머메이드지** ☐ 9×9cm 4장　☐ 5.5×5.5cm 4장
　　　　　　꾸밈용 흰색 머메이드지 ☐ 10×10cm 1장　**빨간색 머메이드지** ☐ 10×5cm 1장　**크라프트지** ☐ 12×3cm 1장
기타 재료 　☐ 햄프끈　☐ 스탬프　☐ 접착제(양면테이프, 딱풀)

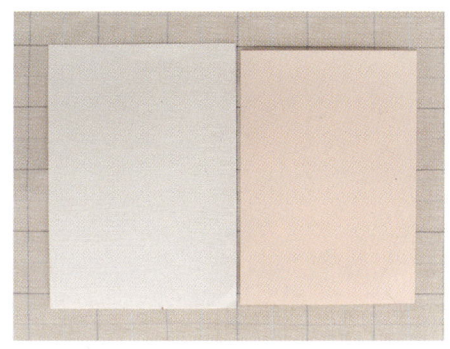

01 23×16cm 흰색 디자이너스지와 22×15cm 연분홍색 디자이너스지를 준비해요.

02 22×15cm 연분홍색 디자이너스지를 반으로 접어 접힌 부분을 도면대로 오려요(Part 4 도면 참조).

03 02를 접은 선대로 접어 속지를 입체로 만들어줘요.

05 04의 하트를 반으로 접어 같은 크기끼리 붙여줘요.

04 9×9cm 4장, 5.5×5.5cm 4장의 분홍색 머메이드지를 도면대로 잘라 크고 작은 하트를 4장씩 만들어요(Part 4 도면 참조).

06 흰색 머메이드지 10×10cm, 6.5×6.5cm를 커팅 머신기로 하트모양을 만든 후, 05의 4장씩 붙인 하트 2개를 붙여요(흰색 큰 하트는 도일리 페이퍼(10×10cm)를 사용하고, 작은 하트는 도일리 페이퍼를 도면대로 잘라 만들어도 좋아요. Part 4 도면 참조).

장식용 하트와 도일리 페이퍼 레이스 하트는 커팅 머신이나 도일리 페이퍼를 이용할 수 있어요. 도일리 페이퍼는 원형, 하트 등이 있으며, 크기도 다양하게 있어요.

카드 커버 다양하게 꾸미기 디자인지나, 다양한 패턴지를 커팅 머신이나 지끈, 단추 등을 이용해 꾸며줘요.

07 06의 모양을 03에 붙여요.

09 23×16cm 흰색 디자이너스지를 08 뒤에 붙이고, 준비한 여러 가지 모양을 하트에 구성해서 붙여 완성해요.

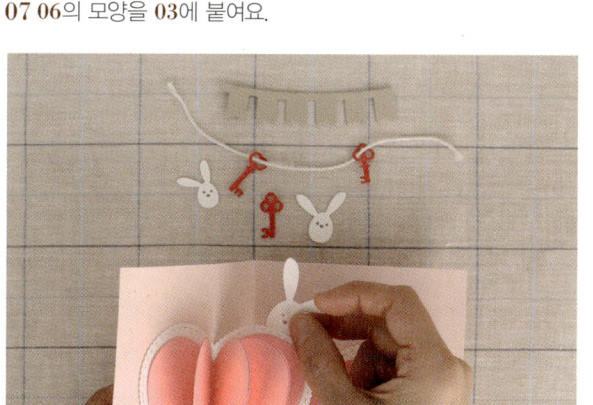

08 흰색 머메이드지 10×10cm로 토끼를 도면대로 잘라 준비하고 여러 가지 커팅 머신으로 장식을 만들어 준비해요(Part 4 도면 참조).

장보기 가방

아이와 함께 장보기 가방을 만들고 야채, 과일, 생선 조각을 만들어 붙여 단어 놀이나 시장 놀이를 해봐요.

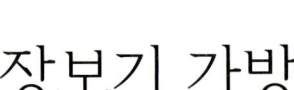

종이 재료 하늘색 머메이드지 ☐ 30×39cm 1장 ☐ 15×15cm 2장 ☐ 9×9cm 2장 흰색 머메이드지 ☐ 33×5cm 1장 분홍색 머메이드지 ☐ 9×9cm 1장
흰색 디자이너스지 ☐ 11×20cm 1장 ☐ 30×20cm 1장 패턴지 ☐ 30×9cm 1장 ☐ 9×9cm 3장 다양한 색상 색지 ☐ 13×7cm 11장 내외

기타 재료 천 ☐ 10×19cm 1장 ☐ 리본 ☐ 원형 벨크로 ☐ 펀치 ☐ 스탬프 ☐ 모양 가위 ☐ 접착제(양면테이프, 딱풀)

01 30×39cm를 반으로 접은 머메이드지를 도면처럼 잘라줘요(Part 4 도면 참조).

02 01의 잘라 놓은 종이 중심부 3면을 안으로 접어 넣어줘요.

03 가방에 장식할 디자이너스지 30×20cm를 반으로 접고 가장자리를 모양 가위로 오려줘요.

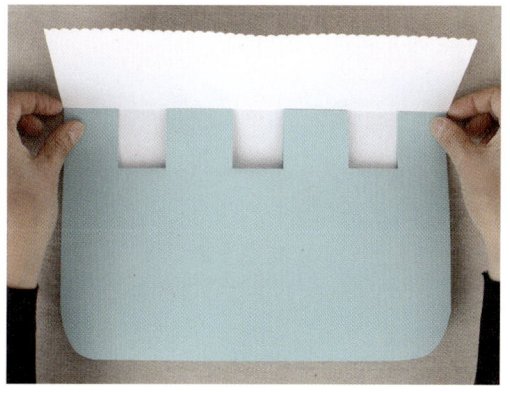

04 02 종이의 상단을 라운딩한 후 03 종이로 감싸듯이 붙여줘요(팝업이 되는 부분은 풀칠하지 않도록 주의해요).

05 04 종이(가방)의 상단에 손잡이를 만들고 리본, 패턴지, 단추, 종이 레이스 등을 붙여 꾸며줘요.

06 9×9cm 분홍, 하늘색 머메이드지에 펀치로 꽃 모양을 만들고 글씨(스탬프, 프린트, 손글씨 등)를 찍은 후, 9×9cm 패턴지를 붙이고 꽃 모양으로 오린 뒤 팝업에 붙여줘요.

07 가방 안에 장식할 야채, 과일, 생선 등을 다양한 색지로 만들어줘요(Part 4 도면 참조).

완성된 가방 커버를 다양한 모양으로 꾸며도 좋아요.

08 07에서 만들어 놓은 장식에 원형 벨크로를 붙이고, 가방 안에 붙일 수 있도록 11×20cm 흰색 디자이너스지와 10×19cm 천을 이용하여 붙임판을 만들어줘요.

09 08에서 만들어 놓은 장식들을 가방 안쪽에 붙여 완성해요.

103
PART 2. 아이와 함께 만드는 종이아트

탁상용 캘린더

사랑하는 가족과 아이의 사진을 담아
2016년 웃음 가득한 한 해를 만들어요.

종이 재료 크라프트지 ☐ a.18×30cm 1장 ☐ b.18×7cm 1장   갈색 머메이드지 ☐ c. 17.6×6.6cm 1장
꾸밈용 흰색 머메이드지 ☐ 7×6cm 14장
사진용 갈색 색지 ☐ 9×11cm 1장   흰색 색지 ☐ 9.5×11.5cm 1장

기타 재료 가족사진 ☐ 8.8×10.8cm   ☐ 펀치   ☐ 브래드   ☐ 접착제(양면테이프, 딱풀)

01 크라프트지 a.18×30cm, b.18×7cm,. 갈색머메이드지 c.17.6×6.6cm로 재단해서 준비해요.

02 a 종이에 10cm, 5cm, 15cm에 맞추어 칼선을 내줘요.

03 칼선을 낸 부분을 접어요(146p 칼선 두 번 넣어 접기 제본법).

04 c에 브래드를 달아줘요.

05 브래드를 붙인 c를 b 위에 양면테이프로 붙여요.

07 7×6cm 흰색 머메이드지에 스탬프 달력을 여러 장 찍은 후 오려 준비해요.

06 c와 b를 붙인 종이를 a에 붙여요.

종이와 장식 끈(실)으로 활용하기 종이를 커팅한 모양에 실을 감아 장식용으로 꾸며주세요.

08 흰색 머메이드지에 커팅 머신으로 숫자 모양을 만든 후 **06**에 붙여요.

10 매트를 붙인 사진과 스탬핑한 달력을 브래드로 앞면에 붙여 완성해요.

09 사진 8.8×10.8cm 밑에 갈색 종이, 흰 종이를 차례로 사방 0.2mm 크게 재단한 후, 중심에 오도록 붙여줘요.

우리 가족 앨범

집 모양으로 생겨 더욱 따스한
우리 가족 앨범을 만들어 봐요.

종이 재료 분홍색 디자이너스지 □ 16×54cm 1장   갈색 머메이드지 □ 6×19.5cm 2장   미색 머메이드지 □ 6×19.5cm 2장   □ 13×13.5cm 6장
흰색 머메이드지 □ 7×10cm 4장   골판지 □ 6×19.5cm 2장   패턴지 □ 5×18cm 2장   □ 8×11cm 4장
다양한 색상 색지 □ 7×12cm 2장 내외

기타 재료 □ 리본   □ 스탬프   □ 브래드   □ 접착 우드락   □ 모양 가위   □ 접착제(양면테이프, 딱풀)

01 디자이너스지 16×54cm를 지그재그로 4등분하여 접은 후 아랫부분을 3cm 정도 접어 올려요.

03 자른 부분을 안쪽으로 접어 올려요.

02 접은 부분의 끝부분을 사선으로 잘라요.

04 머메이드지 6×19.5cm 4장과 골판지 6×19.5cm 2장을 양옆이 지붕 모양이 되도록 잘라요(삼각형 자르기).

05 잘라준 04 종이를 미색 머메이드지, 골판지, 갈색 머메이드지 순으로 붙여줘요.

06 패턴지를 지붕 모양이 되도록 자르고 모양 가위로 모양을 내 줘요.

07 만들어 놓은 05 위에 06을 중심에 맞춰 붙여요.

08 몸체 앞뒤에 미색 머메이드지 13×13.5cm를 붙여요.

09 접착 우드락을 이용해 앞면과 뒷면에 지붕을 붙여요.

10 다양한 색지에 스탬프를 이용해 '우리 가족' 타이틀과 창문 등을 만들어 커버를 꾸며 완성해요.

11 브래드와 모양을 낸 미색 머메이드지 13×13.5cm 4장을 안쪽에 붙여요.

12 흰색 머메이드지 7×10cm와 패턴지 8×11cm를 붙여 사진 매트를 만든 뒤 사진을 붙여 완성해요.

원형 장식걸이

아이의 사진과 러블리한 아이템으로 원을 꾸며서
예쁜 원형 장식걸이를 만들어 보세요.

종이 재료 패턴지 □ 지름 7.5cm 9장   띠 골판지 □ 1×25cm 9장   다양한 색상 디자이너스지 □ 10×10cm 10장 내외(커팅 머신 활용)
기타 재료 폼보드 □ 지름 7.5cm 9장   □ 펀치   □ 끈   □ 가족사진 지름 7.5cm 2~3장   □ 접착제(양면테이프, 딱풀)

01 지름 7.5cm 원 모양으로 패턴지와 폼보드를 각각 9개 재단해요.

02 재단한 패턴지를 폼보드에 붙여요.

03 1cm 띠 골판지를 각각 한바퀴씩 감아 붙여줘요.

04 디자이너스지를 이용해 커팅 머신으로 여러 가지 모양을 만들고, 원하는 디자인의 스탬프를 찍어 준비해요.

05 만든 모양을 각각의 원에 자유롭게 구성해서 붙여요.

원의 다양한 구성 가지고 있는 스탬프와 펀치, 리본, 단추, 사진을 가지고 각각의 원을 자유롭게 구성해서 꾸며줄 수 있어요.

06 다양하게 장식한 9개의 원 모양을 글루건이나 양면테이프로 붙여요.

07 끈을 달아 완성해요.

피자판 앨범

종이 한 장으로 접어 만든 앨범이지만 펼치면 한 장의 전체 앨범이 되고,
지그재그로 접어 모으면 삼각형 미니 앨범이 돼요.

종이 재료 황토색 디자이너스지 ☐ 39×39cm(4절 종이의 정사각형)　다양한 색상 디자이너스지 ☐ 12×12cm 10장 내외
　　　　　다양한 패턴지 ☐ 20×20cm 6장

기타 재료 ☐ 리본　☐ 스티커　☐ 스탬프　☐ 펀치　☐ 접착제(양면테이프, 딱풀)

01 39×39cm 디자이너스지를 사진처럼 접었다 펴서(Part 4 도면 참조) 한쪽 부분만 중심에서 자르고 지그재그로 접어요.

02 윗장 1장을 사진대로 중심선에 맞춰 접었다 펼쳐요.

03 선 자국대로 전체를 칼로 잘라요.

04 피자판 삼각형보다 0.3cm 작게 오린 패턴지를 판의 앞, 뒷면과 속지 부분에 붙여요.

05 속지는 다양한 디자이너스지와 스탬프, 리본, 태그 사진 등을 양면테이프로 붙여 꾸며요.

06 디자이너스지로 종이꽃을 접거나, 꽃 모양을 오려 붙여 겉표지를 완성해요.

07 전체를 펼쳐 남기고 싶은 메시지나, 사진 등으로 꾸며 메시지가 담겨 있는 피자판 앨범을 완성해요.

원의 다양한 구성 펼쳐진 피자판 앨범은 삼각형으로 모아 접어 테이블에 세워 장식용으로도 활용해요.

PART 2. 아이와 함께 만드는 종이아트

간단한 리본 제본

가장 기본이 되는 2구 바인딩.
리본으로 묶어서 제본하는 미니 앨범을 만들어요.

종이 재료 패턴지 ☐ 30×30cm 2장 ☐ 2×30cm 2장 ☐ 8×10cm 3~4장 미색 디자이너스지 ☐ 10×12cm 여러 장
연갈색 디자이너스지 ☐ 10.5×12.5cm 여러 장

기타 재료 ☐ 블러썸 ☐ 단추 ☐ 리본 ☐ 스티커 ☐ 펀치 ☐ 스탬프 ☐ 접착제(양면테이프, 딱풀)

01 패턴지 30×30cm를 아래에서 위로 10cm, 15cm, 5cm 순으로 접어 준비해요.

02 선에 맞춰 위, 아래를 접어요(2장 준비).

03 02의 종이 2장을 각각 반으로 접어 책등 부분(접은 부분) 2곳을 펀치로 뚫어줘요.

04 길게 자른 패턴지 2×30cm를 **03** 종이 안쪽에 두 면(위, 아래)이 벌어지지 않게 붙여줘요(2장 동일).

05 **04**의 완성된 2장을 안쪽에서 바깥쪽으로 리본을 이용해 묶어줘요.

06 사진을 붙일 수 있게 디자이너스지로 매트를 만들고 블러썸, 단추, 펀치 등으로 장식해 속지를 꾸며요.

07 패턴지와 디자이너스지로 매트를 만들어 앨범의 표지를 만들어 완성해요.

나만의 스토리 앨범, 노트 만들기 사진을 붙일 매트와 여러 종이들, 다양한 부자재로 면지를 구성해 나만의 예쁜 노트, 앨범을 만들어 봐요.

동화책 읽고 입체북 만들기

어렸을 적 읽었던 상상의 세상을
아이와 함께 만들어요.

종이 재료 갈색 머메이드지 □ 18.5×26cm 1장 하늘색 디자이너스지 □ 7×13.5cm 1장 다양한 색상 머메이드지 □ 10×10cm 20장 내외
기타 재료 □ 펀치 □ 스탬프 □ 접착제(양면테이프, 딱풀)

01 갈색 머메이드지 18.5×26cm와 하늘색 디자이너스지 7×13.5cm를 준비해요.

02 갈색 머메이드지 18.5×26cm를 도면대로 칼선과 접는 선을 내줘요(Part 4 도면 참조).

03 02를 선 자국대로 접어줘요.

04 접은 03을 하늘색 디자이너스지 7×13.5cm에 붙여요.

05 다양한 색상의 머메이드지를 도면대로 오려요. 도면을 보고 만들고 싶은 모양에 색상을 확인해 골라줘요(Part 4 도면 참조).

다양한 동화 표현 도면대로 동물이나 빨간 망토를 만들어줄 때, 눈, 코, 입 등 표정을 그려 재미를 더욱 살려줄 수 있어요. 그리고 다른 동화를 읽고 나만의 캐릭터를 만들어 활용해도 좋아요.

06 모양 펀치로 모양을 만들고, 원하는 문구를 스탬핑해 준비해요.

07 빨간 망토 도면대로 만든 05와 06을 04에 붙여 완성해요.

입체감 만들어주는 포인트
어떤 형태나 모양, 도안으로 자른 종이를 송곳 등의 둥근 도구로 끝부분부터 조금씩 뒤로 말아 입체감을 만들어줘요.

카네이션 카드

카네이션 카드를 만들어
감사한 마음을 표현해 보세요.

종이 재료　미색 머메이드지 □ 19.5×27cm 1장　　흰색 머메이드지 □ 10×15cm 1장　　분홍색 디자이너스지 □ 9×9cm 4장
　　　　　　연두색 디자이너스지 □ 5×10cm 1장　　패턴지 □ 9×12cm 1장　　다양한 색상 색지 □ 8×11cm 4장 내외

기타 재료　□ 리본　□ 스탬프　□ 브래드　□ 모양 가위　□ 접착제(양면테이프, 딱풀)

01 19.5×27cm를 반으로 접은 미색 머메이드지의 한쪽 면을 양옆 2.5cm, 위 3.5cm, 아래 4cm 부분을 도려내서 카드를 만들어요.

02 카드의 앞면(창 부분)을 다양한 색지로 만든 하트와 리본으로 꾸며요.

03 머메이드지 10×15cm를 안쪽에 붙이고 그 위에 패턴지 9×12cm, 다양한 색지 8×11cm 순으로 붙여요.

04 카네이션을 만들기 위해 분홍색 디자이너스지 9×9cm 4장을 준비해 모양 가위로 지름 7cm 원 모양으로 오려요.

05 종이를 살짝 아래로 내려 접어요.

06 05를 반으로 접었다 펴요.

07 06에서 접은 선을 중심으로 맞춰서 접어요.

08 07을 접은 후 뒤집어서 뒷면을 펼치면서 중심선에 맞춰 접어요.

11 3장을 겹친 꽃 모양 위에 09를 1장 겹쳐 올려줘요.

09 08을 접은 뒤 다시 뒤집어요(4장 준비).

12 연두색 디자이너스지로 줄기를 만들고 리본을 붙여 카네이션을 완성해요.

10 09에서 접은 3장을 살짝 겹쳐 붙여줘요.

▶ 꼭 알아 두기

완성된 꽃잎의 앞쪽을 당겨서 볼륨감을 주면 더 풍성한 카네이션이 돼요.

13 완성된 카네이션을 카드 안쪽에 붙여 입체 카드를 완성해요.

다양한 노트 커버링

코덱스북 만드는 방법을 응용하여
책 넘김과 사용이 편리한 코덱스북을 만들어요.

종이 재료 보드지 ☐ 10.5×15.5cm 2장 ☐ 1.8×15.5cm 1장   **패턴지** ☐ 15×22cm 2장   ☐ 노트 속지(빈 노트, 지난 다이어리)   ☐ 자투리 패턴지
기타 재료 린넨 천 ☐ 27×20cm 1장   ☐ 레이스   ☐ 접착제(양면테이프, 딱풀, 본드)

01 보드지 10.5×15.5cm 2장, 1.8×15.5cm 1장을 준비해요(커버로 사용할 보드지는 속지보다 0.5cm 정도 큰 사이즈를 활용하면 좋아요).

02 린넨 천 위에 보드지를 0.3cm 간격을 띄워 딱풀로 붙여요.

03 모서리를 잘라내고 시접을 풀칠한 후 끝부분은 양면테이프로 붙여요(양면테이프를 모서리 쪽으로 붙여주면 밀착이 잘 되어 좋아요).

04 15×22cm 패턴지를 03 위에 풀칠해 붙여요.

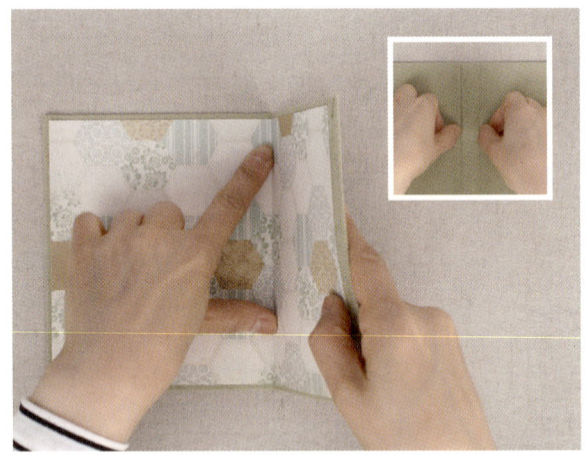

05 만들어진 04를 뒤집어 보드지 간격을 눌러주고 다시 돌려 접어줘요.

06 15×22cm 패턴지를 속지에 맞게 칼선(10×15cm, 1.5×15cm, 10×15cm)을 내어 접어줘요.

08 겉표지 안쪽에 **07**의 속지 뒷면 부분만 본드칠해 붙여요.

07 06의 패턴지를 속지에 풀칠해 붙여요.

09 앞표지 부분은 다양한 패턴지, 리본 등을 이용해 오려 붙여 노트를 완성해요.

다양한 노트 커버를 만들어 속지를 붙이는 방법에 따라 다양한 노트로 활용할 수 있어요.

PART 3
알아두면 좋아요

종이아트

행복한 종이아트는 북아트와 팝업북 그리고 스크랩북킹을 접목하여 실생활에 다양하게 사용할 수 있게 구성했습니다. 북아트, 팝업북, 스크랩북킹의 기본 구조, 접기법, 제본법을 알아두어 실용적인 작업에 더욱더 도움이 되었으면 합니다.

● 북아트란?

넓게는 책의 형식을 이용한 시각 예술 작품을 통칭하고, 좁게는 예술가들이 책의 내용을 그림 또는 삽화로 옮겨서 책을 꾸미는 것을 지칭하는 단어로, 1973년 뉴욕 근대 미술관의 사서인 클라이브 필포트가 자신의 칼럼에서 처음으로 사용한 이후 시각 예술의 한 영역으로 확립되었습니다. 북아트는 책의 형태나 구조만을 이용하거나 글자가 적힌 인쇄 매체에도 함께 사용하는 등 다양한 시도가 가능하다는 장점을 지니고 있습니다. 현대에 들어서는 단순히 활자로 인쇄된 책뿐 아니라 인간의 오감(五感)을 자극할 수 있는 책들이 개발되면서 대중 예술의 하나로 자리 잡게 되었습니다.

북아트의 구조

1) 기본 구조

❶ **폴드(Fold)** 북아트에서 가장 많이 사용되고 있는 구조입니다. 아코디언 방식 또는 컨설티나 방식으로 불리기도 합니다. 접혀 있는 상태에서 책처럼 페이지를 넘겨 가며 볼 수도 있고, 모두 펼쳐서 한눈에 볼 수 있는 책 구조이기도 합니다. 보기에 유용하다는 장점 때문에 전시 목적으로도 자주 사용되는 방식입니다.

❷ **코덱스(Codex)** 출판사에서 많이 사용하고 있는 구조이며, 많은 페이지를 요하는 경우에 유용한 구조입니다. 실 등을 이용해서 수작업으로 바인딩하거나 양장 제본 또는 무선 바인딩 등을 이용하여 만드는 방법들을 통틀어서 코덱스 방식이라고 부릅니다.

❸ **팬(Fan)** 부채를 연상시키는 기본 구조입니다. 여러 가지의 낱장 종이들을 한곳에 모아 묶어내어 펼쳐서 볼 수 있도록 구성되어 있는 구조입니다.

❹ **블라인드(Blind)** 블라인드 커튼과 유사한 구조라고 연상하면 이해하기 쉽습니다. 지그재그로 접은 종이 양쪽에 줄을 끼워서 접었다 폈다 할 수 있는 구조입니다. 낱장 종이의 양쪽에 줄을 끼워 넣는 방법으로도 응용이 가능한 구조입니다.

2) 응용 구조

❶ **폴드폴드** 폴드 방식의 종이 2장을 칼집을 낸 후 겹쳐서 끼워주는 방식입니다.
❷ **십자형 폴드** 폴드 방식의 종이 2장을 교차해서 놓은 후 사방에서 순서대로 교차하여 접어가는 방식입니다.
❸ **터널북** 터널처럼 깊이가 있는 책으로, 원근감, 입체감 등을 표현하는 방식입니다. 무대를 꾸미거나 동화책을 꾸밀 때 활용할 수 있는 방식입니다.

3) 제본 기법

❶ **양장** 양장은 총양장(總洋裝)과 반양장(半洋裝)으로 나눕니다. 총양장은 속지들을 실로 엮은 후 따로 만들어 둔 표지를 붙여서 완성하는 기법입니다. 반양장은 총양장과 비슷하지만 표지를 속지들의 측면(책등)에 붙여서 완성한다는 점에서 차이가 있습니다.

❷ **무선철** 인쇄된 종이 낱장들 측면에 접착제를 사용하여 표지를 붙이는 기법입니다. 종이가 낱장으로 되어 있어서 잘 뜯어지기도 하는 단점이 있지만, 책이 펼쳐지는 정도는 매우 우수한 편이어서 제본을 할 때 자주 사용되는 기법입니다.

❸ **중철** 중철은 종이 묶음의 한가운데에 실, 철사 또는 스테이플러 심을 박은 후 반으로 접어서 책으로 만드는 기법입니다. 간략한 정보를 담은 소책자나 시사 주간지 등이 대표적인 사례입니다.

❹ **바인더 제본** 한쪽에 구멍을 뚫은 속지를 철로 된 바인더에 꽂아서 하나의 책처럼 묶는 기법입니다. 바인더를 이용하기 때문에 원하는 속지로 언제든 교체할 수 있다는 장점이 있습니다.

❺ **묶기(Binding)** 실, 리본과 같은 재료들로 속지들을 엮어서 책으로 묶어내는 기법입니다.

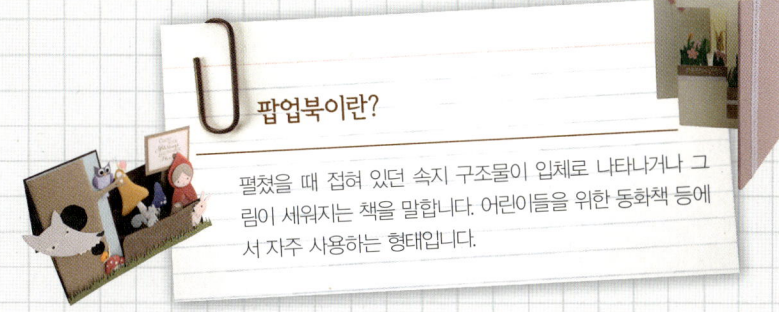

팝업북이란?
펼쳤을 때 접혀 있던 속지 구조물이 입체로 나타나거나 그림이 세워지는 책을 말합니다. 어린이들을 위한 동화책 등에서 자주 사용하는 형태입니다.

참고도서
김진섭, 『책 잘 만드는 제책』, 두성북스, 2014. 한국종이접기협회 북아트연구회, 『어린이 북아트 2급 교재』, 한국종이접기협회, 2015. 한국종이접기협회 북아트연구회, 『어린이 북아트 지도사 1급-B 교재』, 한국종이접기협회, 2012.

스크랩북킹이란?

행복하고 소중한 순간을 기억하며 추억으로 간직하고 싶은 마음은 누구나 갖고 있는 감성일 것입니다.

이러한 감성은 오래전 문자가 없던 시대부터 자연스럽게 표현되었습니다. 문자가 없던 시대에는 나무나 바위에 그림으로 남겼고, 그 후 문자의 발달은 글로 그 역사를 기록했으며, 사진이나 인쇄술의 발달은 개인적인 기록의 형태를 보편화시키며 다양하게 발달되었습니다. 정보화 시대인 요즘은 IT 기술의 발달로 누구나 사진을 찍고 간직할 수 있게 되었으며 잊지 못할 한 번뿐인 추억들을 다양한 방법으로 기록하고 보관하려는 시도와 변화를 추구하게 되었습니다. 획일적이고 보편화된 사진 보관에서 탈피해 각자의 개성과 감각을 살려 다양한 생활 공예와 접목하여 발전하고 있습니다. 스크랩북킹은 격식과 틀에서 벗어나 나만의 개성을 표현하고 아날로그적 향수를 불러일으키는 감성 공예라 할 수 있습니다. 특별한 기념일, 소중한 순간의 기록을 남기기 위한 사진과 글을 앨범이라는 형식에서 벗어나 종이, 실, 리본, 단추 등과 같은 생활 소품 부재료를 활용하여 만드는 것으로, 또 다른 생활 소품이나 인테리어 등 폭넓은 종이아트 분야로 관심받고 있는 공예 활동입니다.

스크랩북킹 구성 요소

❶ **사진(Photo)** 소중한 순간들을 사진으로 남겨 인화를 합니다. 사진은 인물 사진뿐 아니라 장소, 건물, 배경, 소품 등을 촬영하거나 인물 사진도 가로, 세로, 확대, 축소의 기능을 살려 다양하게 찍는 것이 유용합니다. 흔들린 사진이나 신체 일부만 찍힌 사진이라도 소중한 추억으로 얼마든지 활용할 수 있습니다.

❷ **제목(Title)** 타이틀은 작품의 중점 내용을 한눈에 설명해주는 것으로 작품의 주제를 하나의 문장으로 표현하는 것이 좋습니다. 제목은 사진의 컨셉에 맞는 것으로 정하는데 장소나 이름 등으로 표현하기보다는 느낌이나 감동을 나타내 주는 것이 훨씬 멋스러운 표현이 됩니다.

❸ **글쓰기(Journal)** 스크랩북킹의 가장 중요한 작업으로 사진 속의 사건을 묘사하거나 그 순간의 느낌을 표현하기도 하고, 사진 속 주인공에게 편지 쓰기 등의 감정표현입니다. 나만의 소장 가치를 높이고 개인의 추억과 뜻깊은 순간을 기록하는 비중 있는 작업입니다.

❹ **꾸미기(Embellishment) – 부재료 활용** 사진, 제목, 글쓰기 등으로 구성한 스크랩북킹 페이지는 표현하고자 하는 주제와 사진에 어울리는 다양한 장식 소품으로 꾸며줍니다. 선택의 폭을 넓혀 장식할 수 있고 디자인적 요소를 가미할 수 있지만 너무 과하면 주제와 사진의 의미를 축소할 수 있어 적절한 조화가 필요합니다.

장식하기(Decoration) _ 종이아트의 완성

종이아트의 마지막 완성도를 높이는 작업은 장식하기입니다. 종이아트의 장식은 작품의 페이지를 꾸미기 위해 다양한 소품과 도구를 활용해 장식을 합니다. 종이아트를 위한 재료는 전문 사이트를 통해서 스티커, 판박이, 아일렛, 브래드, 블러썸 등을 구입하여 장식할 수도 있지만 무엇보다도 주변에서 쉽게 구입할 수 있는 재료를 활용하여 사진과 적절히 매치시키는 것이 중요합니다. 단추, 리본, 입지 않는 옷의 장식이나 천 등을 사용할 수도 있고 티켓, 카드, 팸플릿, 지도, 편지 등을 함께 장식할 수도 있습니다.

❶ **여러 가지 스티커, 판박이, 아일렛, 브래드, 블러썸** 시중에 나와 있는 다양한 종류의 제품을 적절한 곳에 배치하고 붙일 때 너무 화려하거나 지나친 장식은 시선을 분산시켜 오히려 작품의 완성도를 떨어뜨리는 경우가 있습니다. 여러 종류의 장식을 한꺼번에 사용하기보다는 작품의 주제와 특색에 맞게 한두 가지의 재료로 제한하는 것이 효과적입니다.

❷ **다양한 도구의 활용** 스탬프, 잉크, 펀치, 커팅 도구 등을 사용하여 장식으로 활용할 수 있고 스탬프와 잉크 사용 기법을 살려 표현하거나 펀칭한 모양을 재구성하여 디자인하는 방법도 있습니다. 주제와 도구의 특징을 매치시켜 작품의 구성력을 높이는 효과를 볼 수 있습니다. 커팅 도구는 그 종류와 사용법에 따라 섬세하고 세밀한 부분을 표현할 수 있는 장점이 있는 반면 비용이 부담되기도 합니다.

❸ **공예 기법의 적용** 개개인의 취미와 공예의 기법을 접목하여 장식의 효과를 살리기도 합니다. 종이 조각, 종이 감기, 일러스트, 북아트, 클레이, 종이 장식, 리본 공예, 냅킨 아트 등의 다양한 공예를 작품에 활용하는 방법입니다. 각 공예의 기법과 특징, 소재의 다양성을 접목하여 또 다른 공예로의 가능성을 시도해 볼 수도 있어 실생활에 널리 활용됩니다. 돌 테이블, 웨딩 장식, 인테리어 디자인, 벽면 구성, 생활 소품 등은 그 활용 가능성을 보여주고 있습니다.

접기법

이 책을 활용하기 위해 알아두면 좋은 기법들과 응용법을 소개합니다.

● 기본 접기법

❶ 문접기

❷ 지그재그접기(부채살접기)

❸ 세모칸접기

● 기본 응용법

칼등으로 칼선 넣어 세우기

❶ 칼선 한 번 넣어 접기

❷ 칼선 두 번 넣어 접기

❸ 칼선 세 번 넣어 접기

접은 선에 가위밥 내서 앞 세우기

접기 후 모양 파서 오리기

* ────── 자르기
* ─ ─ ─ ─ 안으로 접기(골짜기선)
* ─·─·─·─ 밖으로 접기(산선)

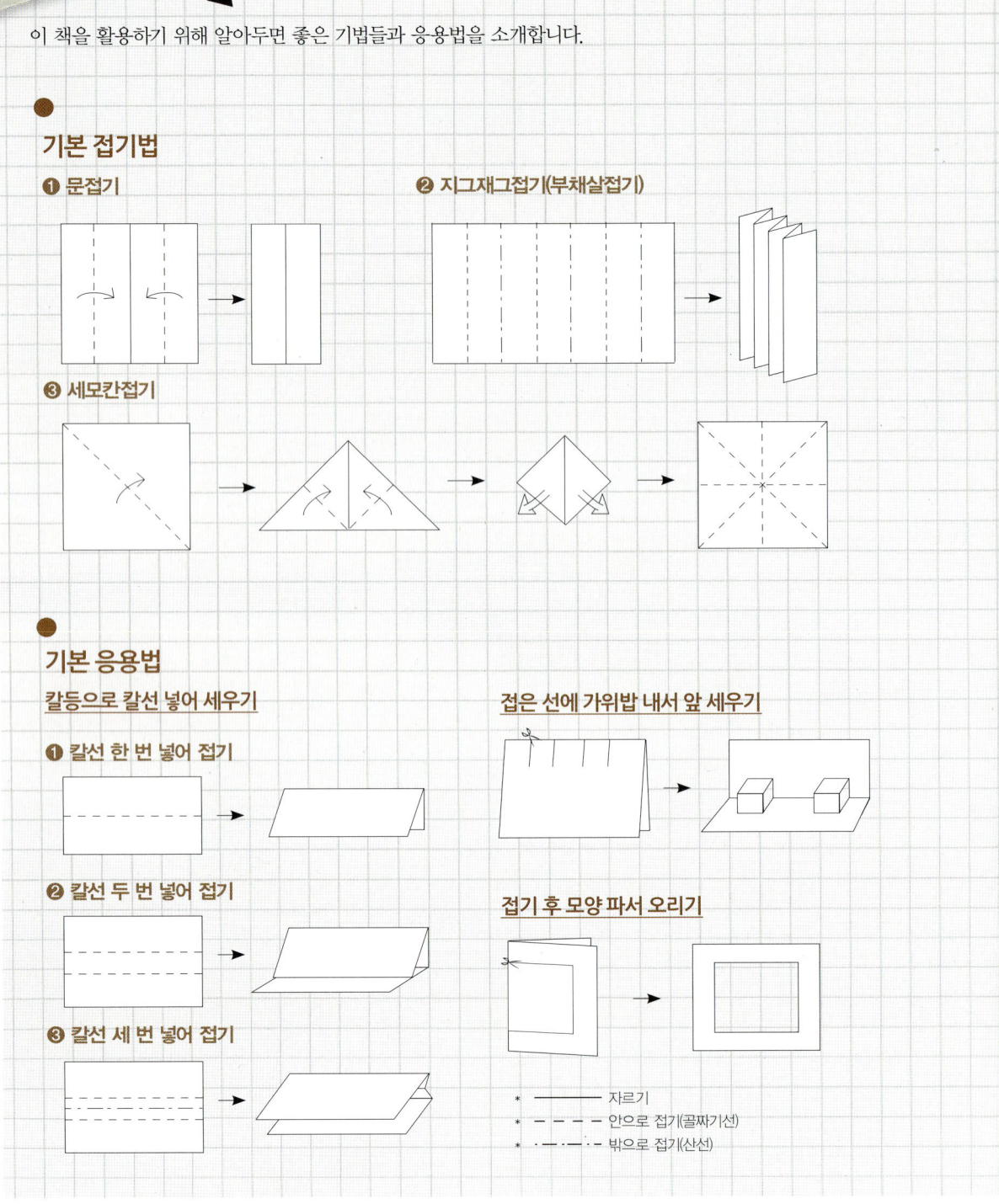

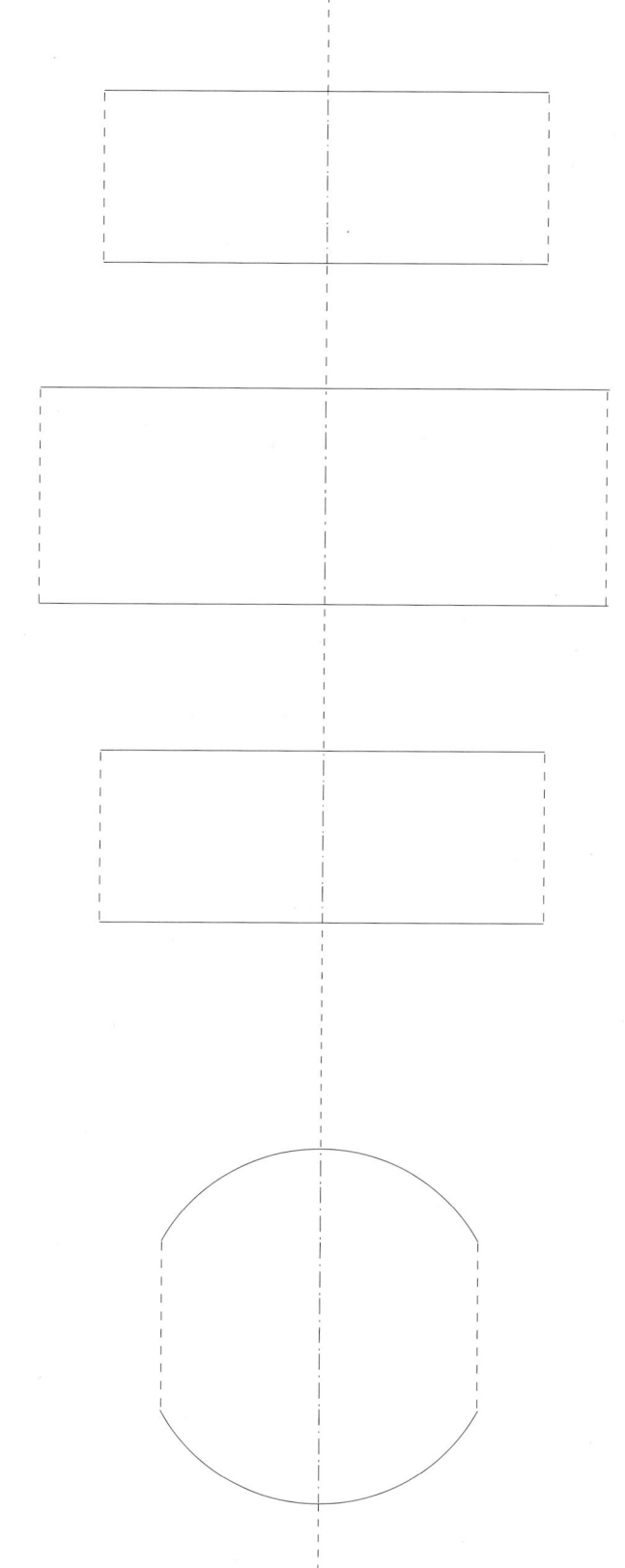

*잘라서 입체 모형을 만들어 보세요.

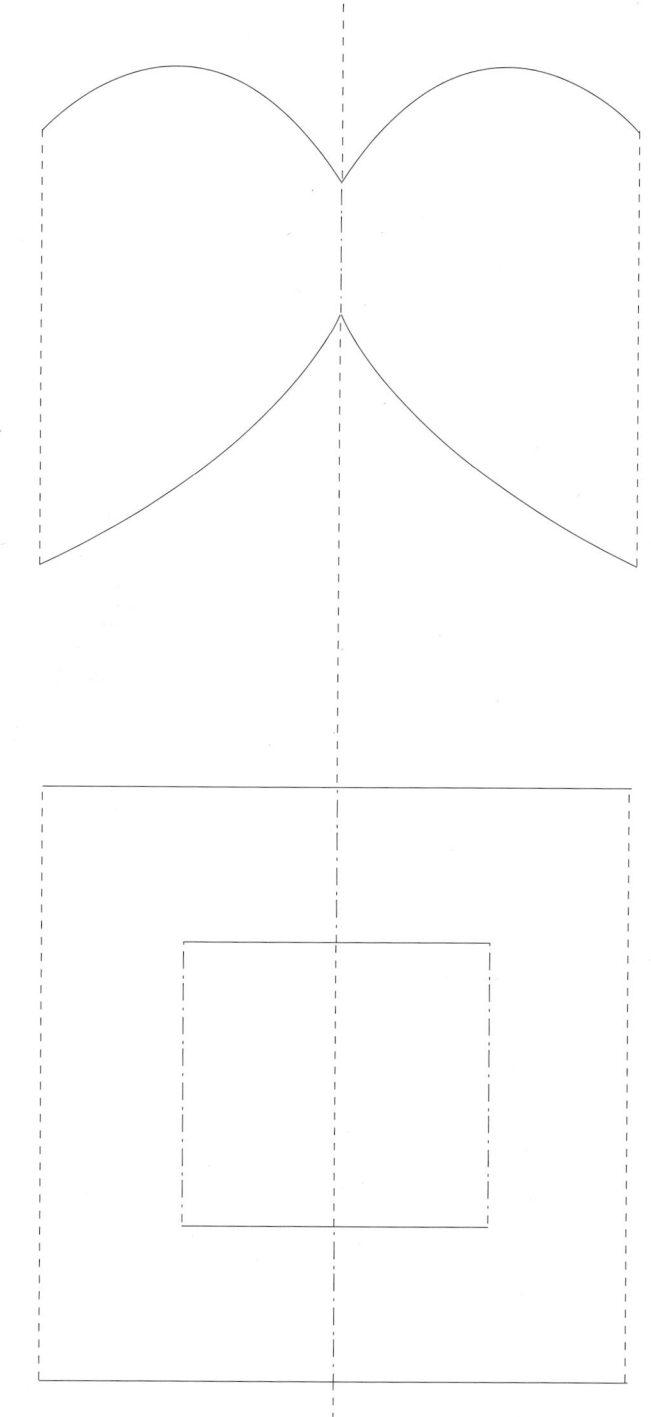

*잘라서 입체 모형을 만들어 보세요.

*잘라서 입체 모형을 만들어 보세요.

*잘라서 입체 모형을 만들어 보세요.

사용도구

기본 도구

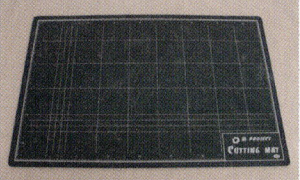

❖ **커팅 매트**
종이 등을 자를 때 칼자국이 나지 않도록 바닥에 까는 고무 매트로 칼이 미끄러지지 않고, 원하는 모양으로 자를 수 있도록 도와줘요.

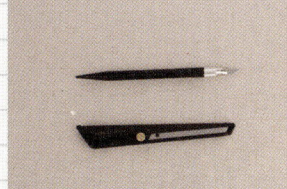

❖ **칼**
아트 칼, 커터 칼로 종이 등을 오려낼 때 사용하며, 칼날이 무뎌지면 잘라내어 사용할 수 있어요. 정교한 선을 오려낼 때는 아트 칼이 좋고, 칼등으로 선을 그어줄 때는 커터 칼이 유용해요.

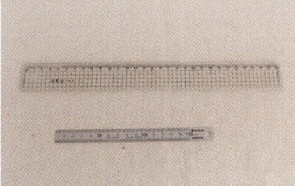

❖ **자**
물건의 길이를 잴 때 사용하는 자는 투명 방안 자나 스테인리스 자가 있어요. 특히 스테인리스 자는 홈이 파이지 않아 오래 사용할 수 있어요.

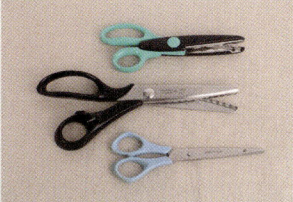

❖ **가위**
종이 등을 자를 때 사용하고, 다양한 모양의 모양 가위가 있어요. 모양 가위는 V자 모양이나 둥근 모양 등이 있는데, 모양으로 장식을 만들 때 사용해요.

❖ **목공용 본드, 풀**
접착용으로 목공용 본드, 순간접착제, 풀 등이 있어요. 천과 종이를 붙일 때 주로 딱풀을 사용하며, 특히 물풀을 사용할 때는 흘러내릴 수 있으니 주의해서 사용해야 해요.

❖ **테이프**
투명테이프, 양면테이프, 종이테이프와 모양이 있는 마스킹테이프 등이 있어요. 작품 제작 시 풀로 잘 붙지 않을 때는 양면테이프를, 예쁘게 꾸밀 때는 마스킹테이프를 사용하면 좋아요.

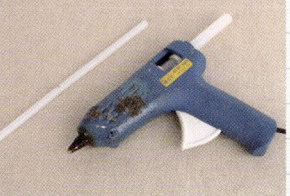

❖ **글루건**
접착할 때 사용하며, 총 모양으로 생겼어요. 열에 잘 녹는 실리콘 심을 넣고 녹여서 사용해요. 풀이나 본드로 붙지 않는 재료들을 붙일 때 사용하면 좋아요.

❖ **송곳**
작은 구멍을 뚫을 때 쓰는 공구 중 하나로 힘을 주는 정도에 따라 구멍의 크기도 조절할 수 있어요. 끝이 뾰족해서 손을 다칠 수 있으니 주의하세요. 종이에 입체감을 주기 위해 사용하기도 해요.

종이 종류

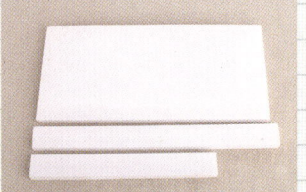

❖ **폼보드**
보드롱 표면에 종이를 합지한 보드로 보드롱에 비해 강도와 내구성이 좋아요. 폼보드 두께로는 3mm, 5mm, 10mm가 있어요.

❖ **크라프트지**
친환경 소재인 크라프트지는 연한 갈색의 자연스러운 색감과 부드러운 촉감을 가졌어요. 종이 평량이 161, 175, 205, 225g 등으로 다양하며, 작품의 태그, 책의 겉표지 등에 많이 사용해요.

❖ **머메이드지**
머메이드지는 총 80가지의 풍부한 색상과 양면 엠보스 패턴 종이이며, 변색이 적고 보존성이 강해요. 작업을 할 때 많이 사용해요.

❖ **모시 종이**
독특한 모시 표면의 질감을 가지고 있는 팬시 페이퍼예요. 종이가 질겨서 잘 터지지 않아 작품이 오래 보존된다는 장점이 있어요.

❖ **디자이너스지**
총 100여 가지의 색으로 무염소 표백 펄프를 사용한 친환경 색지예요. 색상이 곱고 부드러운 느낌이 있어서 작품의 완성도를 높이는 데 큰 도움을 줘요.

❖ **색종이**
우리 주변에서 가장 흔하게 볼 수 있는 색종이는 접거나 자르고 찢는 등의 공작 활동에 주로 사용해요. 양면과 단면 색종이가 있고, 크기와 디자인이 다양해요.

❖ **골판지**
물결 모양의 골이 있는 종이로 두께가 있고 단색, 별무늬 등이 있어요. 환경 미화, 선물 포장, 미술 공작 등에 다양하게 사용해요.

❖ **띠 골판지**
골판지를 길게 잘라 놓은 형태로 색상이 다양하며 감기 공예에 주로 사용해요. 특히 입체 작품을 만들 때 많이 쓰여요.

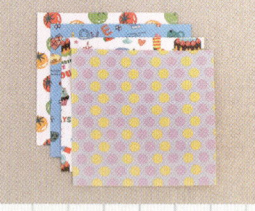

❖ **다양한 포장지**
다양한 패턴과 색상의 포장지가 있어요. 양면과 단면이 있고, 스크랩북킹이나 북아트 등의 작품을 만들 때 많이 쓰여요.

❖ **다양한 패턴지**
패턴과 색감의 종류가 다양한 멋스러운 패턴지는 고급스러운 종이로, 작품 활동에 있어 배경, 태그 등에 많이 쓰여요. 특히 작품을 더 멋스럽게 해주는 장점이 있어요.

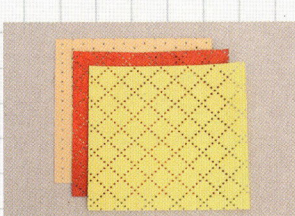

❖ **타공지**
다양한 색상의 종이에 일정한 간격과 패턴으로 구멍을 뚫은 팬시 종이로, 작품을 만들 때 안이 보이는 효과를 줄 수 있어요.

❖ **스타드림지**
다양한 색상으로 빛의 각도에 따라 고급스러운 펄 효과를 볼 수 있어요. 가격이 조금 비싸기는 하지만 신비로운 느낌을 주기 때문에 작품을 한층 고급스럽게 만들어주는 장점이 있어요.

❖ **엔젤클로스**
가죽과 천 등의 독특한 표면 질감이 있는 종이로, 질기고 튼튼해서 책을 만들 때 사용하면 좋아요.

❖ **한지**
우리나라 전통 종이로, 섬유질이 풍부하고 질겨요. 부드러운 느낌과 고운 색상이 작품을 한층 고풍스럽게 해주는 효과가 있어요.

❖ **도일리 페이퍼**
레이스 모양의 종이로 10cm, 15cm 등 다양한 크기와 원, 하트 모양 등이 있어요. 주로 장식용으로 쓰이고, 사랑스러운 느낌을 줄 때 사용하기도 해요.

❖ **트레싱지**
뒷면이 비치는 반투명한 종이로 기름종이라고 불리기도 하며, 두꺼운 종이로 트레팔지도 있어요. 특히 그림이나 도안을 옮길 때 유용해요.

● **부자재**

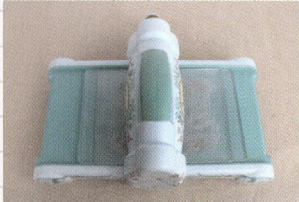

❖ **커팅 머신**
종이나 부직포 보드지 등을 손쉽게 자르거나 엠보싱 할 수 있는 도구로 다양한 모양의 커팅 다이와 엠보싱 폴더를 사용할 수 있어요.

❖ **커팅 다이**
종이나 부직포, 보드지 등을 원하는 무늬와 모양으로 자를 수 있는 모양 칼로, 커팅 머신과 같이 사용하는 도구예요.

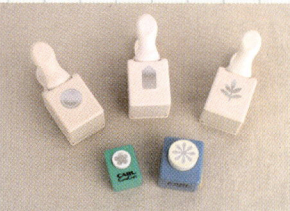

❖ **모양 펀치**
손쉽게 원하는 모양을 펀칭할 수 있는 도구예요. 한 번에 한 장씩 펀칭해야 하고, 두꺼운 종이는 자를 수 없는 단점이 있어요.

❖ **코너 펀치**
사각형 종이의 코너 부분을 둥글게 자르거나 다양한 무늬로 펀칭할 수 있는 코너 장식용 펀치예요.

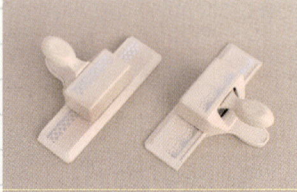

❖ **보더 펀치**
종이의 모서리 부분이나 긴 띠종이를 원하는 길이만큼 연속적으로 펀칭하여 반복적 무늬를 만들 수 있어요.

❖ **우드 스탬프**
고무에 폼과 우드가 접착된 스탬프로 크기와 디자인이 다양하고 견고하여 오래 사용할 수 있고 보관이 용이해요.

❖ **클리어 스탬프**
투명 아크릴 블럭에 탈부착해서 사용하는 스탬프예요. 우드 스탬프와 달리 가볍고 스탬프가 찍히는 위치를 확인할 수 있어 편리하지만 견고성이 떨어지고 잉크가 착색되는 단점이 있어요.

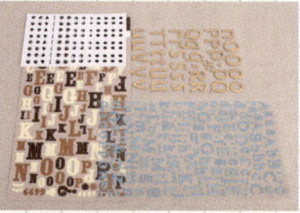

❖ **다양한 스티커**
알파벳, 도형, 그림, 동물 모양 등 다양한 디자인이 있으며 입체 스티커, 우드 스티커, 폼 스티커, 칩보드 스티커 등이 있어요.

❖ **블러썸**
꽃 모양의 장식 소품으로 낱개로 붙일 수 있는 입체 꽃과 여러 겹 겹쳐서 장식할 수 있는 평면 꽃이 있어요. 종이, 천, 부직포, 펠트, 리본 등의 다양한 소재로 여러 가지 활용할 수 있어요.

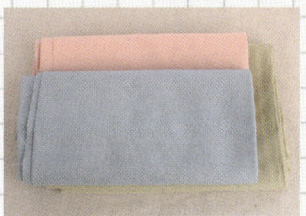

❖ 잉크
스탬프를 찍을 때 사용하는 스탬프용 잉크로 일반적으로 수성 잉크를 사용하고 천이나 나무 유리 등에 쓰이는 유성 잉크 등이 있어요.

❖ 다양한 단추
장식용으로 쓰이는 단추는 주로 플라스틱과 나무 단추를 사용해요. 단추는 모양과 색상, 재질, 디자인이 다양하고 싸개 단추, 아크릴 단추, 금속 단추 등이 있어요.

❖ 다양한 천
천은 소재와 패턴, 두께에 따라 종류를 구분하는데 종이 공예에 적합한 천으로 너무 두껍지 않고, 접착이 용이한 린넨 소재의 원단을 사용해요.

❖ 리본
질감, 색상, 소재, 폭 등이 다양한 리본은 오간디, 공단, 골지, 스티치, 프릴 등의 종류가 있어요.

❖ 레이스/레이스 테이프
소재와 모양에 따라 다양한 종류의 레이스가 있어요. 일반적인 토션 레이스, 한쪽 끝이 주름이 잡힌 주름 레이스, 테이프 접착 처리가 된 레이스 테이프 등이 있어요.

❖ 끈
주로 많이 쓰이는 마끈은 용도에 따라 여러 가지 굵기가 있고 햄프끈은 색상도 다양하고 그라데이션이 되어 있는 것과 2가지 색으로 꼬아 만든 것이 있어요.

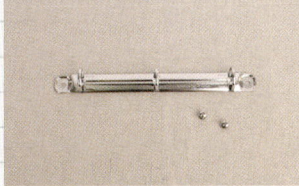
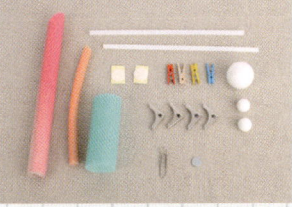

❖ 브래드/할핀
종이에 칼집을 내서 다리 부분을 통과시켜 고정하는 장식으로 도형, 동물 모양, 꽃 모양 등 다양한 형태의 장식 아이템이 있어요.

❖ 링 바인더
북아트에서 여러 장의 종이를 묶어 바인딩할 때 사용하는 것으로 파일이나 앨범 등에 많이 쓰이고 있어요.

❖ 자석 외 기타 부자재
자석, 빨대, 백업, 원형 벨크로, 코너 장식, 클립 등 다양한 아이템의 부자재가 있어요.

구입처

❖ **재료와 소품**

각종 공예 재료와 다양한 소품, 만들기 재료를 판매하는 곳

■ **대도지물** 다양한 패턴의 포장지 및 종이접기 재료와 리본 등 각종 공예 재료를 전문적으로 판매하는 곳
www.daedoi.com   TEL : 02-752-8202

■ **파스텔클레이** 클레이, 냅킨, 미니어쳐, 우드아트, 모든 공예 재료를 전문 도소매 판매하는 곳
www.pastelclay.com   TEL : 1899-4486

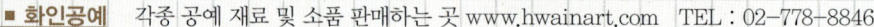

■ **화인공예** 각종 공예 재료 및 소품 판매하는 곳 www.hwainart.com   TEL : 02-778-8846

❖ **스탬프 외 다양한 재료**

스크랩북킹에 사용되는 커팅 머신, 커팅 다이, 스탬프, 페이퍼, 펀치, 잉크 등의 재료를 판매하는 곳

■ **스탬프마마** 커팅 머신, 커팅 다이 등 스크랩북킹에 사용되는 재료 www.stampmama.com   TEL : 02-3142-0971

■ **숨겨둔 여행가방** 커팅 머신, 커팅 다이, 스탬프, 펀치, 잉크 등의 재료 www.hsscrapbook.kr   TEL : 010-4847-8080

■ **핸즈링크** 스크랩북킹 외 다양한 공예 재료 www.handslink.com   TEL : 043-855-9819

❖ **종이**

다양한 모양의 패턴지, 한지 등 모든 지류를 판매하는 곳

■ **지상낙원 (두성)**   www.paperangel.co.kr   TEL : 02-588-2013

■ **페이퍼 모아(삼원)**   www.papermore.com   TEL : 02-2217-1800

❖ **문구류**

문구류와 북아트 공예 재료를 판매하는 곳

■ **알파** www.alpha.co.kr   TEL : 1544-0096

■ **비본** www.bibon.co.kr   TEL : 031-571-9762

❖ **원단 외**

원단과 레이스, 리본, 액세서리 등 기타 부자재를 판매하는 곳

■ **동대문종합상가**   www.ddm-mall.com   TEL : 02-2262-0114

21C 문화예술 교육의 리더 (사)한국종이접기협회

(사)한국종이접기협회는 우리나라의 전통 종이접기, 종이문화를 발굴, 연구, 개발, 보급하고 나아가 종이조형예술을 건전한 사회생활 문화로 발전시키고자 1989년도에 설립되었습니다. 2000년 문화의 날에는 문화예술의 진흥 발전에 기여한 공적을 인정받아 정부에서 시상하는 제32회 『대한민국 문화예술상』 대통령 단체상을 수상하였습니다. 2006년 이후 국가에서 인증하는 『국가공인 종이접기 마스터 자격』 지정 기관으로서 종이접기·종이문화의 선두 주자로 인정받고 있습니다.

주요사업

종이접기 및 종이조형의 역사 연구 및 보존
종이접기 및 종이조형 전문 인재 양성
종이접기, 현대종이조형, 한지조형, 아트조형 자격 제도 운영
종이접기, 종이조형 창작 개발 지원 및 저작권 보호
문화 소외 계층을 위한 재능 나눔 봉사활동
종이문화 세미나, 워크숍 및 전시회 개최
종이문화 보급을 위한 공모전 개최
종이문화 세계화를 위한 국제 교류 행사
한지문화 보급 및 진흥 사업
협회보, 종이문화 서적 발간

서울시 중구 다산로 64 (사)한국종이접기협회
T. 02-2264-4561 H. www.origami.or.kr

작가 창작 리스트

김준섭 리폼드 캘린더 탁상 앨범 / 입체 앨범 / 돌잔치 방명록 / 태아 앨범 / 태교 음악 CD 케이스 / 봄꽃을 담은 팝업 장식 / 비행기 풍경(風磬) / 장보기 가방 / 우리 가족 앨범 / 카네이션 카드

길명숙 메모리 박스 / 목마 키 재기 / 자투리 종이로 리스 만들기 / 기념 카드 모음집 / 고양이 흑백 모빌 / 사진집게 장식걸이 / 토끼 하트 팝업북 / 탁상용 캘린더 / 원형 장식걸이 / 동화책 읽고 입체북 만들기

송영지 배냇저고리 액자 / 소품 보관함 / 캔버스 수유 등 / 러블리 파티 벽 장식 / 돌 테이블 장식 액자 / 문접기 활용 액자 / 데스크 장식 겸 앨범 / 피자판 앨범 / 간단한 리본 제본 / 다양한 노트 커버링

모든 공예의 집합소!
- 없는 것 빼고 다있는 부자재와 착한가격 도,소매
- 실력있는 강사들의 수업진행
- 다양한 이벤트와 원데이클래스

" 공예 부자재 천국
파스텔클레이와 함께 하세요 "

파스텔클레이로 구경오세요♥

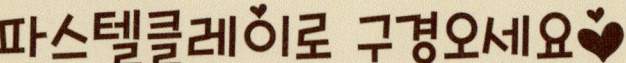

대표전화 1899 - 4486
쇼핑몰 www.pastelclay.com
영업시간 09 : 00 ~ 18 : 30
매장주소 서울시 중구 남대문로 14 남대문지하쇼핑센터 18호

대도지물과 함께하는
종이세상

종이접기 재료, 다양한 디자인, 패턴의 포장 재료, 리본 재료 등 공예 재료를 만날 수 있습니다.

만들기와 공예를 위한 기타 부자재 등 다양한 재료로 보다 나은 서비스를 제공합니다.

 대도지물 DAEDO WRAPPING PAPER & RIBBON

홈페이지 I www.daedoi.com 전화 I 02-752-8202 주소 I 서울시 중구 남대문로 4가 20-31
영업시간 I 08:00~20:00 (휴무 변동 사이트 참조)

PART 4

함께 만들어요

러블리 파티 벽 장식

본문 58p/ 70% 축소
(일정 동일 간격
지그재그접기/부채살접기)

봄꽃을 담은 팝업 장식

본문 84p / 70% 축소

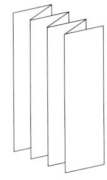
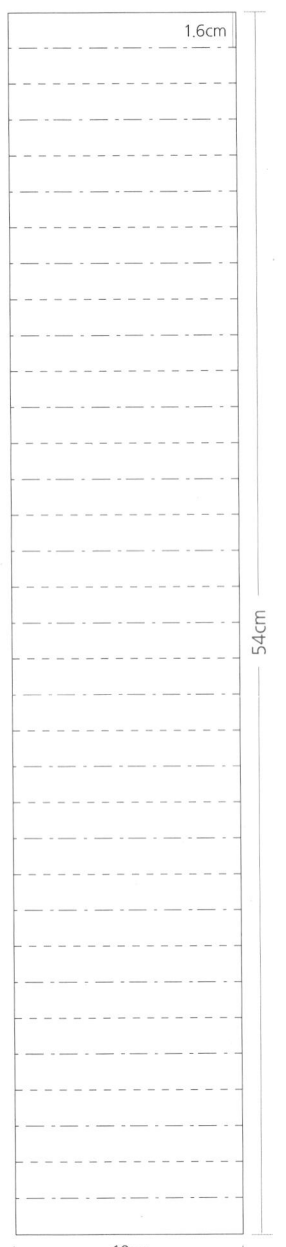
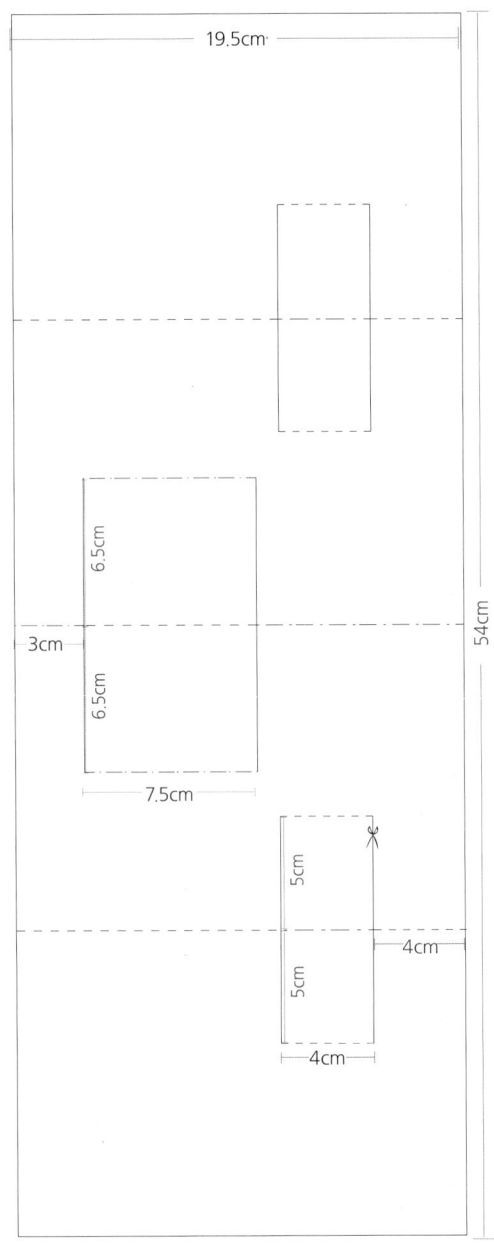

피자판 앨범

본문 118p / 70% 축소

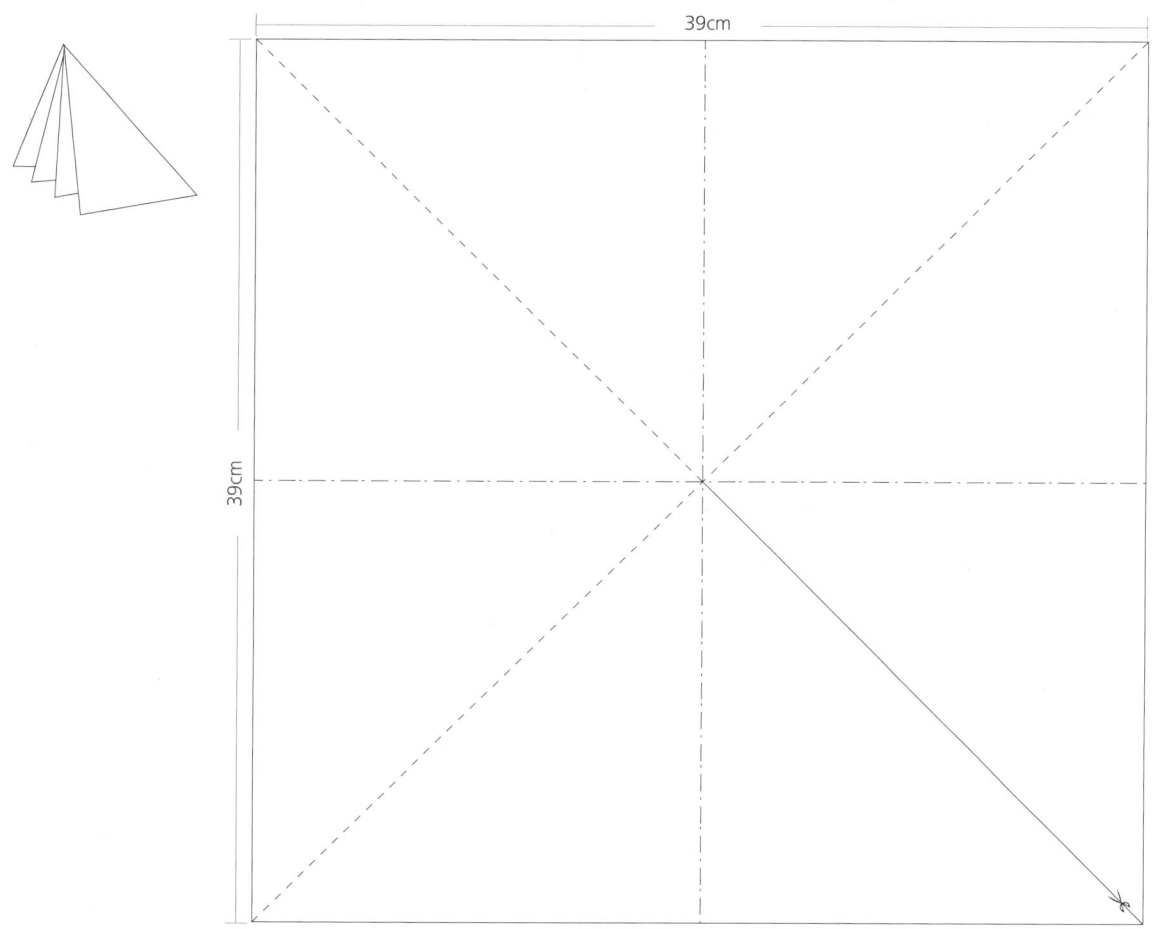

장보기 가방(카드)

본문 100p / 70% 축소

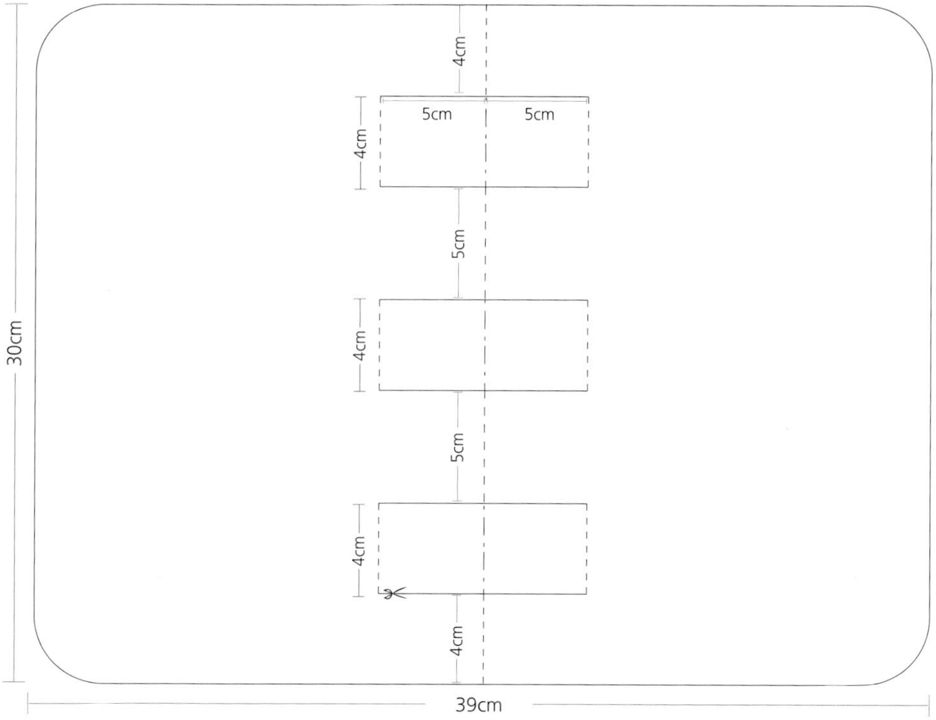

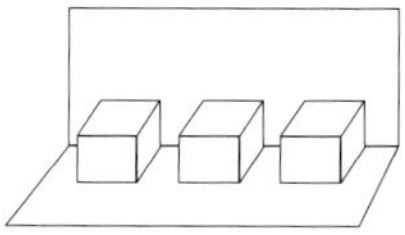

- 30cm
- 39cm
- 4cm / 5cm / 5cm / 4cm
- 5cm
- 4cm
- 5cm
- 4cm
- 4cm

장보기 가방(내용물)

본문 100p / 100%

- 사과
- 당근
- 배
- 가지
- 생선
- 오징어
- 바나나
- 생선
- 버섯

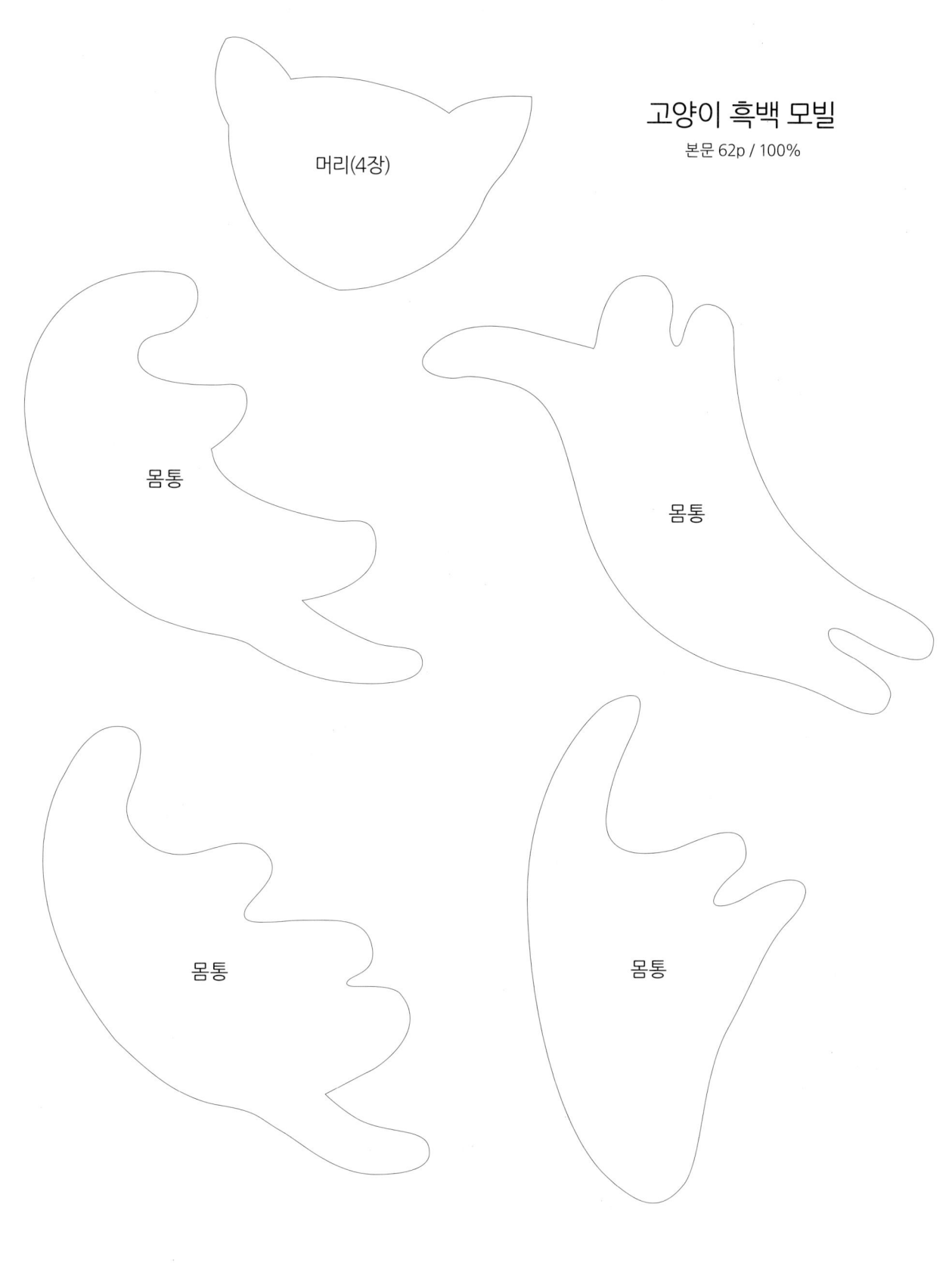

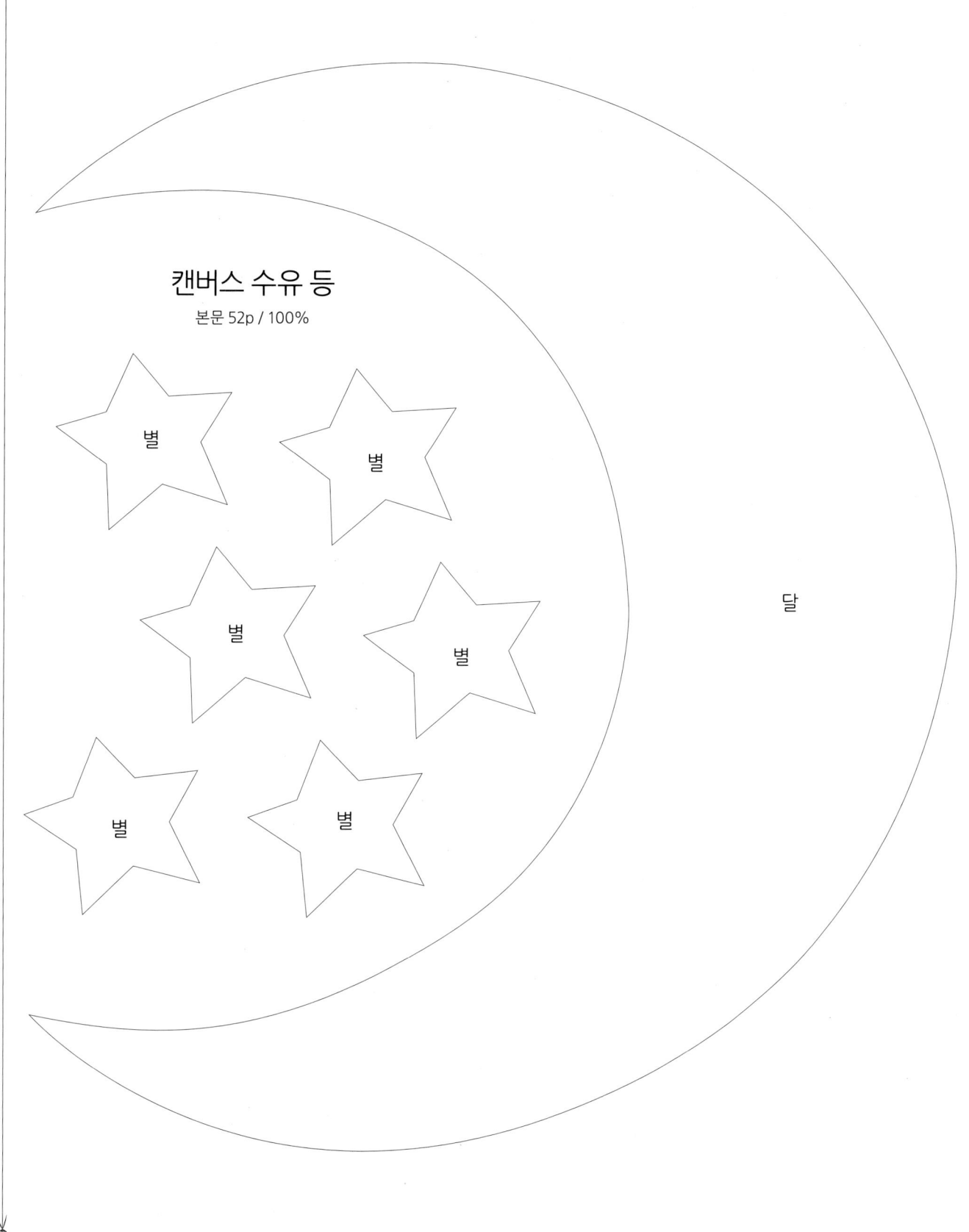

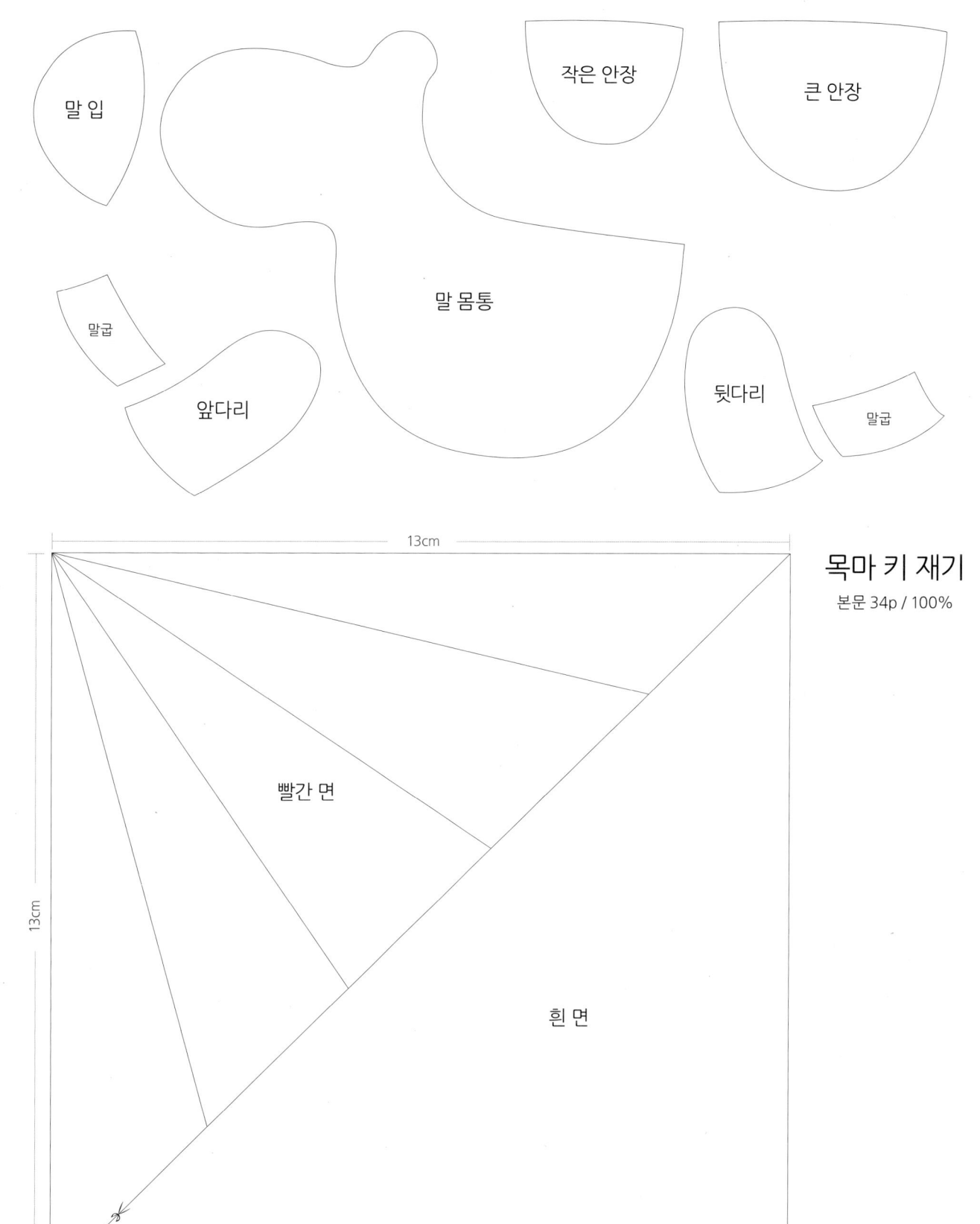

동화책 읽고 입체북 만들기(빨간 망토)
본문 126p / 100%

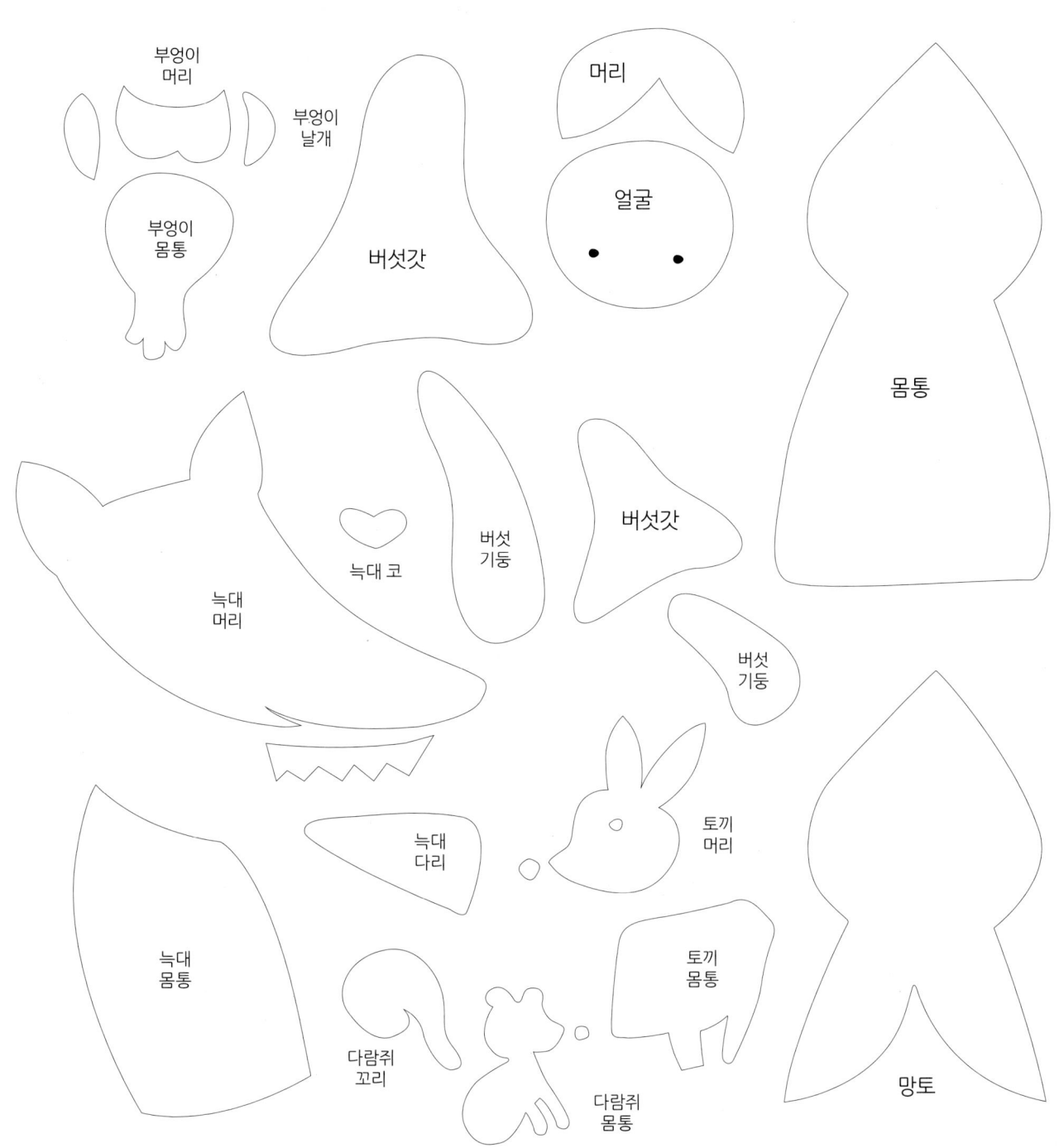

동화책 읽고 입체북 만들기(카드)

본문 126p / 50% 축소

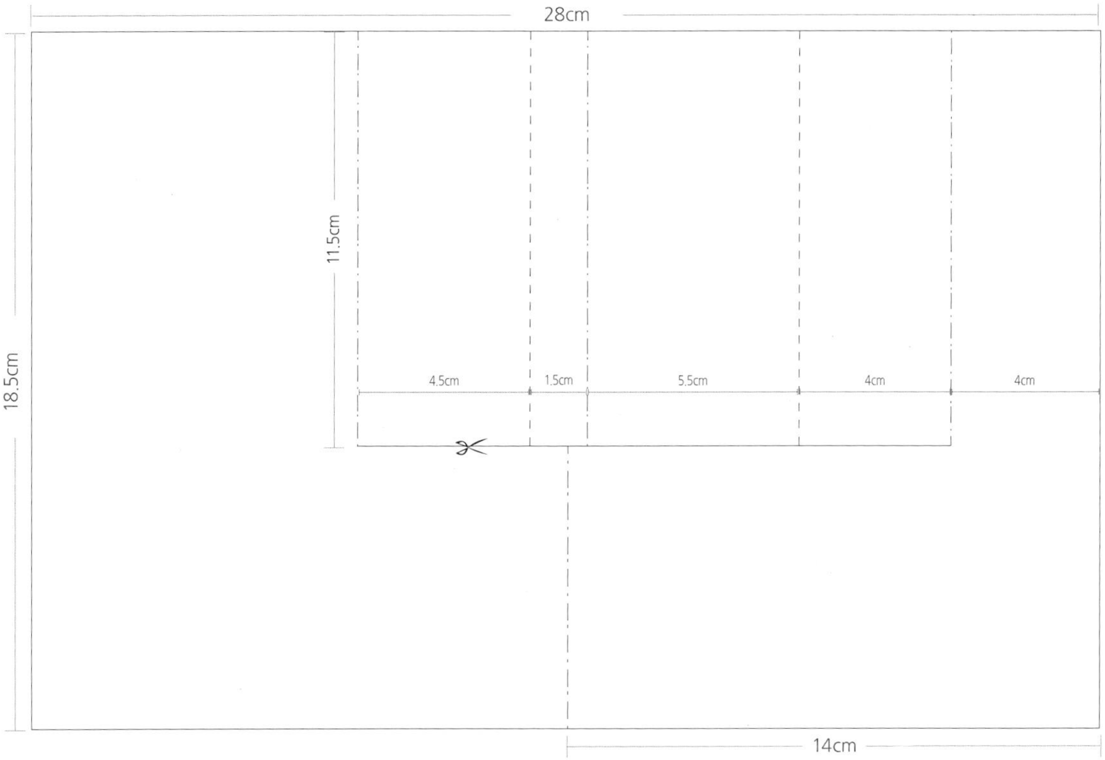

비행기 풍경(風磬) - 1

본문 92p / 100%

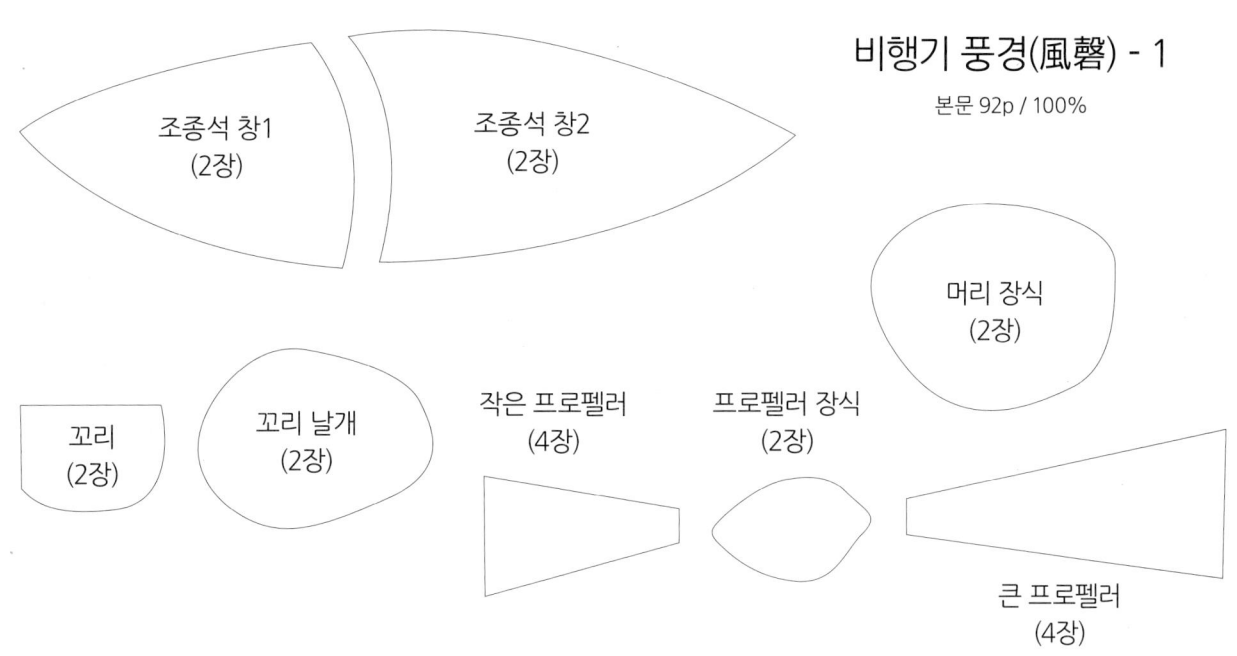

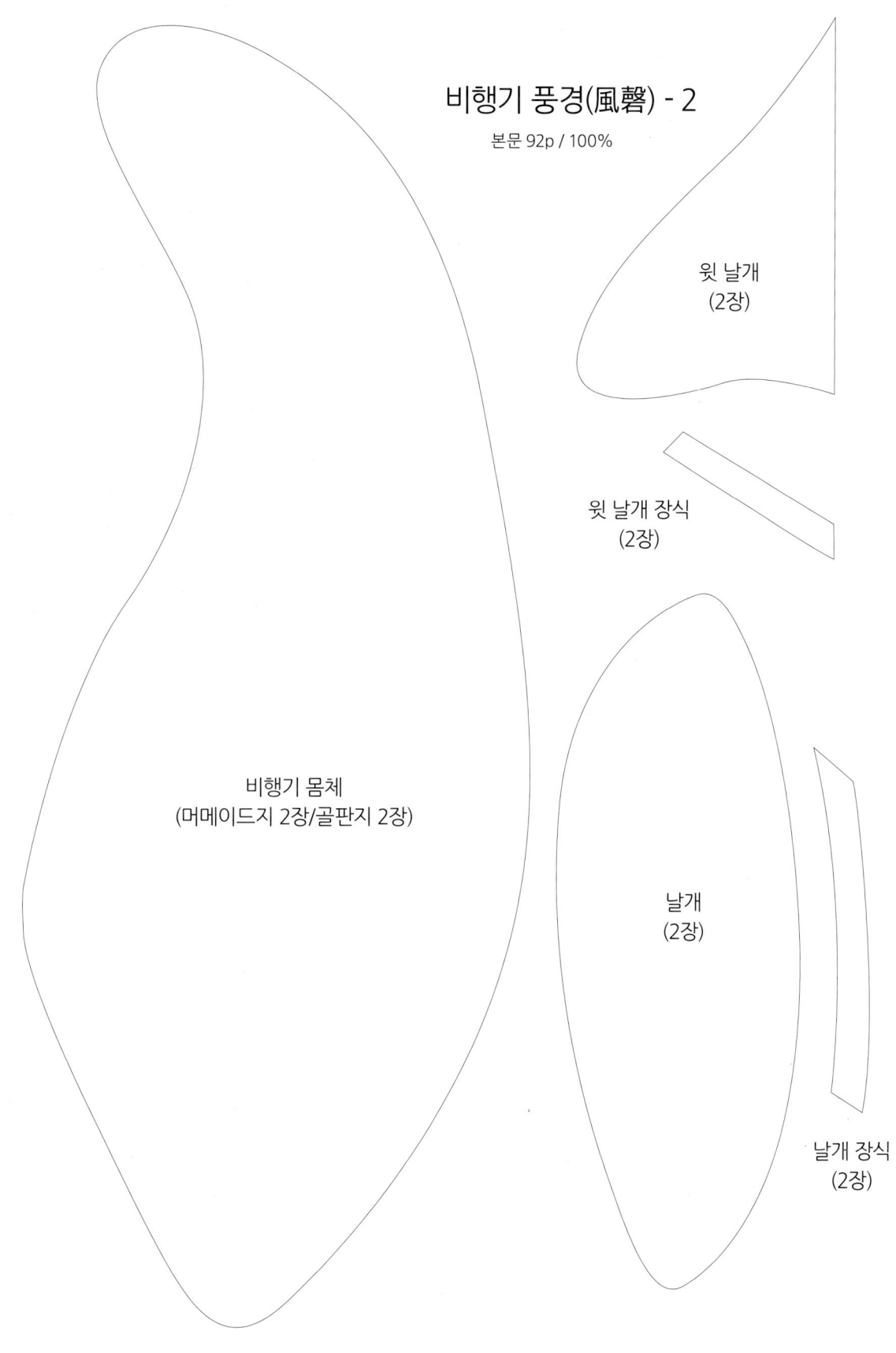

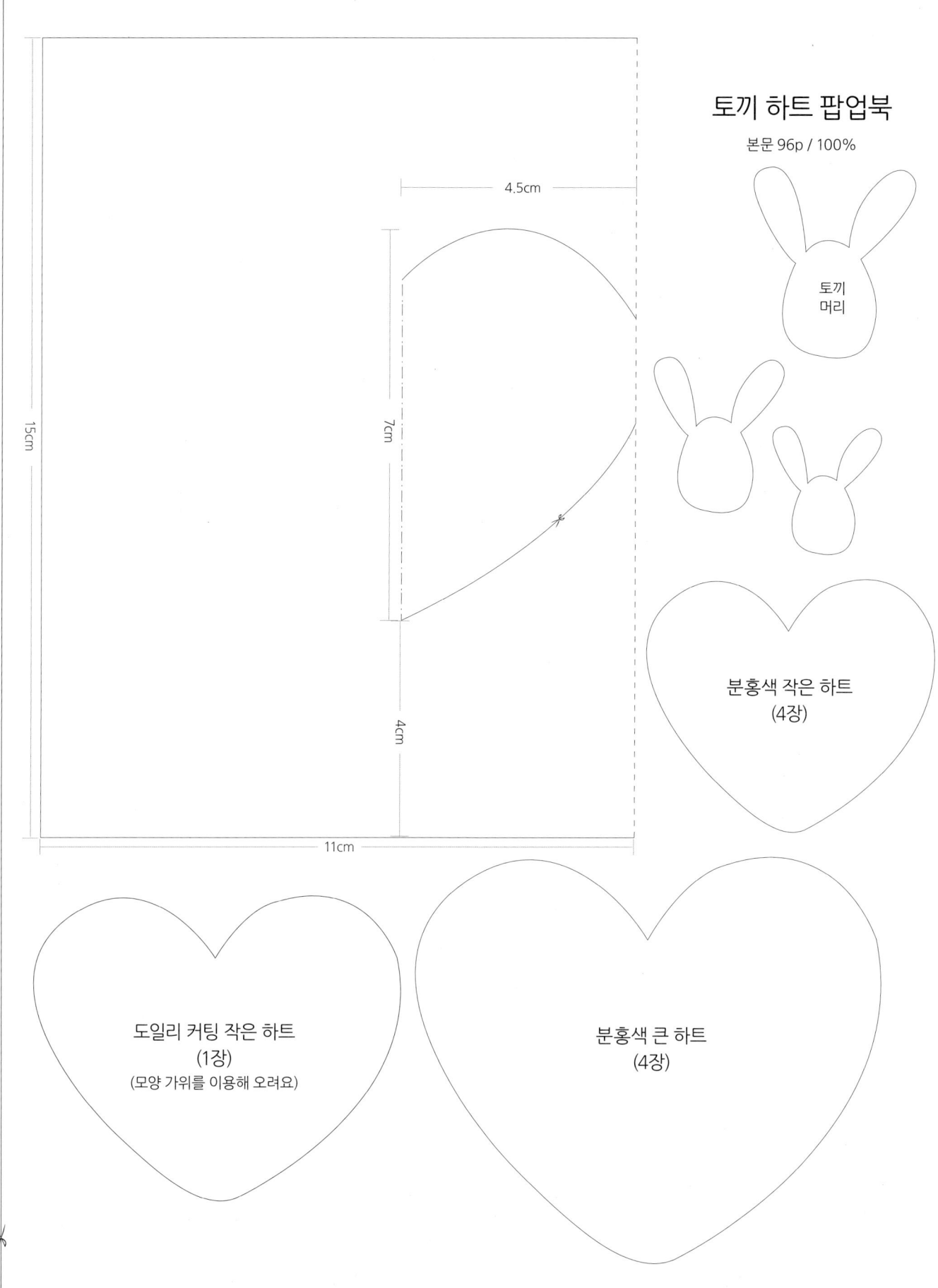